Lukas von Bostel

Der hochmütige, gestürzte und wieder erhabene Croesus

In einem Singe-Spiele

Lukas von Bostel: Der hochmütige, gestürzte und wieder erhabene Croesus. In einem Singe-Spiele
Komponiert von Reinhard Keiser. Uraufführung am 1711, Operhaus am Gänsemarkt, Hamburg.

Veröffentlicht von Contumax GmbH & Co. KG
Berlin, 2010
http://www.contumax.de/buch/
Gestaltung und Satz: Contumax GmbH & Co. KG
Druck und Bindung: Books on Demand GmbH, Norderstedt

ISBN 978-3-8430-5107-1

Inhalt

Personen 5
Inhalt 7
1. Akt 9
    1. Auftritt 9
    2. Auftritt 12
    3. Auftritt 13
    4. Auftritt 14
    5. Auftritt 16
    6. Auftritt 17
    7. Auftritt 19
    8. Auftritt 20
    9. Auftritt 21
    10. Auftritt 23
    11. Auftritt 24
    12. Auftritt 25
    13. Auftritt 26
    14. Auftritt 27
    15. Auftritt 29
    16. Auftritt 30
    17. Auftritt 31
    18. Auftritt 32
2. Akt 35
    1. Auftritt 35
    2. Auftritt 37
    3. Auftritt 39
    4. Auftritt 41
    5. Auftritt 42
    6. Auftritt 44
    7. Auftritt 45
    8. Auftritt 47
    9. Auftritt 48
    10. Auftritt 50
    11. Auftritt 52
    12. Auftritt 55
    13. Auftritt 57
    14. Auftritt 59
    15. Auftritt 60

3. Akt	63
1. Auftritt	63
2. Auftritt	64
3. Auftritt	67
4. Auftritt	70
5. Auftritt	71
6. Auftritt	73
7. Auftritt	75
8. Auftritt	77
9. Auftritt	80
10. Auftritt	80
11. Auftritt	82
12. Auftritt	84
13. Auftritt	85

Persohnen des Sing-Spiels

Crœsus, König in Lidien

Cirus, König in Persien

Elmira, Printzeßin aus Meden

Atis, des Crœsus stummer Sohn

Orsanes
Eliates
Olisius, Lidische Fürsten

Clerida, Lidische Printzeßin

Solon, Griechischer Welt-Meister

Halimacus, des Printzen Atis Hofe-Meister

Trigesta, der Printzeßin Elmira alte Bedientin

Elcius, des Printzen Atis kurtzweiliger Diener

Ein Persischer Hauptmann

Nerillus, des Printzen Atis kleiner Page

Ein Bauer

Eine Bäuerin

2. Bauren-Kinder

Persisches Krieges-Heer

Lidisches Krieges-Heer

Inhalt und Vor-Bericht

Crœsus, ein so hochmüthiger, als reicher König in Lidien / dem Griechischen *Philosopho Solon*, dem er seine Schätze zeigete und seine Glückseligkeit rühmete / nicht glauben wollend / daß vor dem Tode kein Mensch sich glücklich nennen möge / muste nachmahls die Wahrheit selbigen Ausspruchs in der That erfahren / und mit seinem eigenen Beyspiel erweisen / daß wer am höchsten sitzet / am tieffesten fallen könne. Er hatte die von denen *Assyriern*, wider ihren Landes-Herrn Cirus, erregte *Rebellion*, nicht allein heimlich befördert / sondern auch öffentlich mit seinen Krieges-Schaaren gestärcket / und den dadurch beleidigten Persischen Monarchen so sehr erzürnet / daß derselbe / sich zu rächen / mit einem Krieges-Heer ihn überzog / die Lidier in der ersten Feld-Schlacht aufs Haupt erlegte / und den König selbst gefangen nahm / nachdem dessen vorhin stummer Sohn *Atis*, durch Krafft des natürlichen Triebes und kindlicher Liebe / in der / dem Herrn Vater obschwebenden höchsten Lebens-Gefahr / die Bande der Zungen zerrissen / mit denen Worten: Halt! erschlag den König nicht / eines feindlichen Soldaten mördlichen Hieb gehemmet / und ihn dadurch dem augenscheinlichen Tode entrissen hatte.

Der Siegreiche Perser war mit dieser Rache nicht vergnüget / verdammete den gefangenen König zum Feuer / und konte durch den Himmel selbst / der mit starckem Platz-Regen / als mitleidigen Thränen / die Flamen dämpfete / nicht besänfftiget werden; Wie aber zuletzt der Hülff- und Hofnung-lose *Crœsus* in der Bluth der von ihm vorm ahls verspotteten des Welt-Weisen Lehre eingedenck / in die Worte: *O Solon, Solon!* mit lautem Geschrey ausbrach und *Cirus* sich deren Bedeutung erklären liesse / schlug er in sich / betrachtete die Macht der Schickung / die Unbeständigkeit des irdischen Blückes / und die auch ihm dahero besorgende Gefahr; Befahl demnach / *Crœsus* vom Scheiter-Hauffen abzuführen / setzte ihn wieder in sein Reich / und vorige Hoheit / und verwandelte seinen Haß in eine beständige Freundschafft und nahe Verbündnisse.

Dieser / so weit aus *Herodotus* genommenen Geschichte / hat ein Italiänischer *Poët* die Erfindung beygehänget / daß ein Lidischer Fürst dem von ihm zur Regierung untauglich-geachteten stummen Printzen / um das Reich / benebenst *Elmira*, einer mit *Atis* verlobten Printzeßin aus *Meden*, an sich zu reissen / nach dem Lebentrachtet; Der Printz / nach erlangter Sprache / um für der daher zu befürchtenden schwerern Rachstellung desto sicherer zu seyn / sich in schlechte Bauren-Kleidung verstellet / und durch so thanes Mittel die Anschläge seiner Verfolger entdecket / und hat aus diesen theils wahrhafftigen / theils wahrscheinlichen Begebenheiten / mit Einmischung Sinnreicher Zufälle und Verwirrungen / ein auf zwo *Repræsentationes* eingetheiltes Sing-Spielin seiner Sprache verfertiget / woraus vor vielen Jahren ein hiesiger Liebhaber der *Music* und *Poësie,* auff Ansuchen vornehmer Freunde / bey seltenen müßigen Stunden /dieses gegenwärtige Sing-Spiel in die Deutsche Sprache gebracht / und theils nach der aus der Erfahrung verspührten Neigung hiesiger Zuschauer / mit Untermischung einiger Lustbarkeiten / noch mehr auff den Endzweck eingerichtet / daß nebst schicklichen Staats- und Sitten-Lehren / die Tugend zur Liebe und Nachfolge die Laster zur Vermeidung vorgestellet /am allermeisten aber aus dem Verlauff der an sich im Hauptwercke wahrhafftigen Geschichte die Unbeständigkeit weltlicher Ehre und Reichthums anerkandt werde; wodurch / weil es der Zeit einigen *Applausum* gefunden / und nur / daß es in der Aufführung etwas zu weitläufftig und langwährend wäre / bemercket worden / man es jetzo / mit einiger mehrern Einschränckung und Verkürtzung / von neuem aufflegen lassen / und wieder auf hiesige Schau-Bühne bringen wollen.

Erster Handlung

Erster Auffritt.

Der Schauplatz stellet vor einen prächtigen Saal / und herrlichen Thron.
Crœsus auf dem Thron / Orsanes, Eliates, Halimacus, Olisius und viele andere Lidische
Staats- und Kriegs-Bediente / alle kniend; Solon allein stehend.
Aria.

CHOR.
    Crœsus herrsche / *Crœsus* lebe /
    Daß der Glantz von seinem Glücke
    Macht- und Hoheits stoltze Blicke
    Umb den gantzen Erd-Kreiß gebe;
    Crœsus herrsche / *Crœsus* lebe!
CRŒSUS.
    Ihr edle Lidier / getreue Unterthanen /
    Ich hoffe daß mir eure Tapfferkeit
    Den Weg nach dieser Zeit
    Zum Götter-Stande werde bahnen.
    Indessen nehm' ich gnädigst an
    Die Lieb' und Treu / so ich hie spüren kan.

Winckt / daß sie sich aufrichten sollen / und wendet sich zu Solon.

    Nur *Solon* traurt allein /
    Und hat der helle Schein
    Von meiner Macht und Herrlichkeit
    Ihn niemahls noch erfreut?
SOLON.
    Den gläntzenden Crystall
    Zerbricht ein Unglücks-Fall.
CRŒSUS.
    Hat *Solon* nicht gesehn
    Die viele Krieges-Schaaren /
    Die mir zu Dienste stehn /
    Und meinen Thron bewahren?

SOLON.
> Es können die Omeisen
> Noch vielmehr Schaaren weisen.

CRŒSUS.
> Schau an die reiche Wand /
> Das prächtige Gebäude /
> Bedeckt mit lauter Seide /
> Durch Kunst-erfahrne Hand.

SOLON.
> Ist das denn deine Pracht
> Die dir ein Würmlein macht?

CRŒSUS.
> Es zeiget dir mein Reich
> Den Kern von tapffren Leuten /
> Die mir hie stehn zur Seiten.

SOLON.
> Der Tod macht alle gleich.

CRŒSUS.
> Schau / wie das Gold an meinem Zepter prahlt /
> Und mir sein Glantz die Hand bestrahlt.

SOLON.
> Das Gold ist nur ein Raub /
> Der Erden-Grufft entführet /
> Die Hand damit gezieret /
> Ist nichts als Asch und Staub.

CRŒSUS.
> Wird alle diese Pracht
> Von dir so gar verlacht?
> Last meine Schätze sehen.

Die Thüren der Schatzkammer werden auffgethan.

Schau / *Solon,* schau / tritt näher hin /
Und sag ob ich nicht glücklich bin.

Solon siehet nur ein wenig hin / und wendet sich alsobald wieder um.

Schau an!

SOLON.
> Es ist genug geschehen.

CRŒSUS.
> Kan nicht / der das besitzt / glückselig heissen?

SOLON.
> Du irrest weit /
> Meinstu diß sey Glückseligkeit?
> Du bist nicht Herr der Schätz und Güter /
> Es setzet dich das Glück
> Darüber nur zum Hüter /
> Und kan ein Unglücks-Blick
> Dir alles wiederum entreissen.

Aria.

Solte Schiffern wohl geziemen /
Ehe dann der Port erreicht /
Ihrer Schiffahrt Glück zu rühmen?
Ein Mensch / der dem Schiffe gleicht /
Hat kein wahres Glück erworben /
Eh er glücklich ist gestorben.

Gehet ab.
Crœsus vom Thron absteigend.

CRŒSUS.
> Geh hin mit deinen Lehren /
> Die mir verdrießlich sind zu hören.

Aria.

Weil die allerschönste Bluhm
Nicht behält der Schönheit Ruhm /
Wann die welcken Blätter fliessen /
Solte man die kurtze Zeit
Ihrer schönen Lieblichkeit
Darum nicht mit Lust geniessen?

Anderer Aufftritt.

Königlicher Garten.
Elmira, Trigesta.
Aria.

ELMIRA.
> Unglücks-Triebe /
> Saurer Schmertz /
> Werffen meine Hoffnung nieder /
> Doch die Liebe
> Stärckt mein Hertz /
> Tröstet und erhebt mich wieder.
> Du weist wie *Cirus* Macht
> Gantz *Medien* hat überschwommen /
> Die wehrtste Mutter / als verwittbte Königin /
> Von Reich und Thron gebracht.
> Hie werden wir von *Crœsus* auffgenommen /
> Printz *Atis* gegen mich in keuscher Lieb' entzündet /
> Und diß ist der Gewinn
> Worauff sich meine Hoffnung gründet.
> Hab' ich mein Erb-Reich dort verlohren /
> So werd' ich hie zur Königin erkohren.

TRIGESTA.
> Der Printz ist wiederum von ihr geliebt?

ELMIRA.
> Du hast es gnug verspühret.

TRIGESTA.
> Wie macht ers / da er stumm / daß er ihr Hertze rühret /
> Und seine Liebe zu erkennen giebt?

Aria.

ELMIRA.
> Wann zwey verliebte Hertzen
> Empfinden gleiche Schmertzen
> Darff es der Sprache nicht;
> Es zeugen gnug die Triebe

Von ihrer reinen Liebe
Das Aug und Angesicht.

Aria.

TRIGESTA.
Ich mercke schon den Possen /
Die Zung' ist zwar verschlossen /
Doch sind die Lippen frey /
Er wird mit süssen Küssen
Ihr gnug zu sagen wissen
Daß er verliebet sey.
ELMIRA.
Halt ein mit deinem Schertzen /
Orsanes kömmt / der Mehrer meiner Schmertzen.

Dritter Aufftritt.

Orsanes, Elmira, Trigesta.
Aria.

ORSANES.
Lieben / Leiden / Bitten / Flehen /
Ist bey dir so gar umsonst /
Daß ich deiner Wieder-Gunst
Noch nicht einen Blick gesehen.
Kan ein Hertz von Stahl und Stein
Bey so grosser Schönheit seyn?
ELMIRA.
Printz *Atis,* wie dir ist bewusst /
Herrscht nur allein in meiner Brust.
ORSANES.
Muß meiner Hoffnung Brunst dann so erkalten?
ELMIRA.
Das Faule schneidt man ab / das Gute zu erhalten.
TRIGESTA.
(Wolt' er vergnüget seyn mit einer hübschen Alten!)

ORSANES.

    Unseliger! daß ich dich lieben muß!

ELMIRA.

    Es ist des Himmels Schluß /
    Ich kan nur einen lieben.

TRIGESTA.

    (Es ist mit mir bey einem nie geblieben.)

Gehet ab.

Vierdter Aufftritt.

Halimacus von ferne / Orsanes, Elmira.

ORSANES.

    Ist denn ein Stummer Liebens-werth?

ELMIRA.

    Die Tugend wird geehrt /
    Und nicht der Stimmen-Schall.

ORSANES.

    So liebe dann ein höltzern Bild /
    Wo du was Stummes lieben wilt.

ELMIRA.

    Liebstu die Stimm / so liebe Echos Wiederhall.

ORSANES.

    Was kanstu von ihm hoffen?
    Die Thüren stehn mir offen
    Zu diesem Thron / wann mirs gefällt /
    Ich habe Freunde / Macht und Geld.

ELMIRA.

    Wer keine Treu besitzt / hat gar nichts in der Welt.

ORSANES.

    Er kan nicht zur Regierung kommen /
    Weil das Gebiethen ihm ist mit der Sprach' entnommen.

ELMIRA.

    Ein Fürst gebeut durch seiner Diener Mund /
    Es spricht für ihm Vergeltung bey den Frommen /

Den Bösen macht die Straff' auch seinen Willen kund.
Die stille *Gravität* steht Grossen besser an /
Weil das Gesetz für sie gnug reden kan.

ORSANES.
Was wil ein Fürst / der nur mit Wincken spricht?

ELMIRA.
Ein treuer Diener merckt den Willen am Gesicht'.

ORSANES.
Wohlan Halsstarrige / hilfft jetzt kein Flehen /
Ich hoff es kömmt die Zeit /
Daß auch du deine Schuldigkeit
Gehorsamst mir wirst aus den Augen sehen.

Gehet ab.
Halimacus tritt hervor.

HALIMACUS.
Ich preise die Beständigkeit /
Die ich verspühr' / und bin bereit /
Bey meinem Printzen zu erlangen /
Daß Treu und Untreu sol verdienten Lohn empfangen /
Orsanes Schand und Hohn /
Elmira Thron und Kron.

ELMIRA.
Die Treu und Tugend ist für sich gnugsamer Lohn.

Aria.

HALIMACUS.
Wahre Treu kan nicht auff Erden /
Bey den Menschen dieser Zeit /
Nach Verdienst belohnet werden;
Und die seltne Redlichkeit /
Muß man über alles setzen /
Mehr als Cron und Zepter schätzen.

Fünffter Aufftritt.

Atis stumm / Halimacus, Elmira, Nerillus.
Atis kömmt von weitem mit holdseligen und freudigen Gebärden.

HALIMACUS.
    Printz Atis kömmt!

Aria.

ELMIRA.
    Er erweckt in meinem Hertzen /
    Durch sein helles Angesicht /
    Neue Freud' und neues Licht.
    Wie von *Titans* güldnen Kertzen /
    Wann der frühe Tag anbricht /
    Durch der Stummen Strahlen Macht
    Die betraumte Welt erwacht.

Atis zeiget durch Gebärden / daß ihm Halimacus beunruhiget für komme.

HALIMACUS.
    Ich mercke deinen Sinn /
    Du spürest daß ich traurig bin.

Atis zeiget / daß er die Ursache wissen wolle.

HALIMACUS.
    Du fragst / was mir sey widerfahren /
    Zu seiner Zeit wil ich dirs offenbahren.
    Ein weiser Artzt wird keinen Schwachen
    Der Kranckheit-Ursprung kundbar machen /
    Wofern er Sorge trägt /
    Daß sich dadurch die Kranckheit mehr erregt.
    Ich habe dich in deiner Jugend
    Bißhero stets nach Wunsch regiert /
    Und hoffe / daß die wahre Tugend /
    Die ich in allen deinem Thun verspürt /

Wird nimmermehr erkalten /
Und dich hinfort in stetem Glück erhalten.
Indessen bleib' ich dir getreu in Rath und That /
Und bitte lieb *Elmir,* weil sies verdienet hat.

Atis antwortet mit freundlichen Gebärden / worauff Halimacus abtritt.

Sechster Auffritt.

Atis, Elmira, Nerill.
Atis wendet sich zu Elmira, und giebt ihr Liebes-Anzeigungen.

ELMIRA.
Verliebter Printz / ob gleich der Mund nicht spricht /
So sagt mir doch dein holdes Angesicht /
Daß deine Brust von Lieb' entzündet /
Bey mir Vergnügung findet.

Atis giebet Zeichen einer brünstigen Liebe.
Aria.

ELMIRA.
So bald dich nur mein Auge sah /
Empfand ich Liebes-Pein.
Und du desgleichen / sag mir?

Atis wincket: Ja.

Liebst auch kein' andre?

Atis wincket: Nein.

2.

Du bleibst stets in Gedancken da /
Mustu gleich ferne seyn /
So wohn ich dir im Hertzen?

Atis wincket: Ja.

Und sonst kein' andre?

Atis wincket: Nein.
Folgends wendet er sich zu Nerill, und deutet auff Elmira.

ELMIRA.
    Was zeigt der Printz / geliebter Knabe?
NERILL.
    Weil aus Gewohnheit ich erlernet habe
    Durch Wincken zu verstehen sein Begehren
    So wil er / daß ich dir sein Hertze sol erklären.

Atis macht unterschiedliche Bewegungen auf die Masse folgender Aria, welche indessen gespielet wird.

ELMIRA.
    Was hastu jetzt gesehn?
NERILL.
    So ist es zu verstehn.

Aria.

    Durch der Haare güldne Stricke
    Ist ans Hertz ein Band gelegt /
    Durch der Augen holde Blicke
    Ist die Brust in Feur erregt /
    Dennoch leb ich höchst vergnügt /
    Und begehre kein Erretten
    Aus den güldnen Band' und Ketten /
    Dran mein Hertz in Flammen liegt.

Atis bekräfftiget dieses mit Gebärden.

ELMIRA.
    Die dich bestrickt /
    Ist selbst nicht frey /

Und hält sich höchst beglückt
In ihrer Sclaverey.

Siebender Aufftritt.

Elcius und Vorige.

ELCIUS.
Der König wil euch gerne sprechen /
Wo ihr der *Courtesie* ein wenig ab könt brechen.

Atis zeiget / daß er scheiden müsse.

Aria.
ELMIRA.
Du must scheiden / doch indessen /
Eh du scheidest / gib Gehör /
Wiltu meiner auch vergessen?

Atis antwortet mit Gebärden.

NERILL.
Nein / Nein / sagt er / nimmermehr.
ELMIRA.
Wirstu einer andren können /
Wanns gleich eine Göttin wär /
Hoffnung deiner Liebe gönnen?

Atis antwortet mit Gebärden.

NERILL.
Nein / Nein / sagt er / nimmermehr.

Atis und Elmira gehen ab. Elcius erhascht Nerill, und hält ihn / daß er folgenden Satz mit ihm singe.

2.

ELCIUS.
>   Sag mein Magen / sag indessen /
>   Plagt dich Durst und Hunger sehr?
>   Wiltu wol ein Bärtlein essen?

NERILL.
>   Ja / Ja / sagt er / noch vielmehr.

ELCIUS.
>   Wirstu einem Stübchen können /
>   Wanns gleich guter Rhein-Wein wär /
>   Herberg willig in dir gönnen?

NERILL.
>   Ja / Ja / sagt er / noch vielmehr.

Nerill entlaufft.

>   *Ha! bon Garçon,* der Bärenhäuter
>   Weiß recht hauptsächlich Sinn /
>   Daß ich ein guter Schlucker bin /
>   Und tausendmahl gescheuter
>   Als mein Herr *Atis* ist.
>   Der Wurm ist von der Liebe so besessen /
>   Daß er dafür das Trincken und das Essen
>   Fast gantz und gar vergist.
>   Man wird durch andrer Schaden klug /
>   Drum bin ich sicher gnug /
>   Daß Liebe nie bey mir kan hausen /
>   Ich halte gar zu viel vom Schmausen.

Achter Aufftritt.

Orsanes, Eliates.
Aria.

ORSANES, ELIATES.
>   Ich säh' auf wilde Wellen /
>   Ich bau auff dürren Sand /

ELIATES.

    So wird das Unglücks-Band
    Im Lieben uns gesellen /
    Durch steten Widerstand.
ORSANES, ELIATES.
    Ich säh' auff wilde Wellen /
    Ich bau auff dürren Sand.
ORSANES.
    Ich lieb' und bin verhast.
ELIATES.
    Die meine Brust macht brennen /
    Will keine Rettung gönnen /
ORSANES, ELIATES.
    O schwere Liebes-Last!
ELIATES.
    Ich säh' auff wilde Wellen /
    Ich bau auff dürren Sand /
ORSANES.
    So wird ein Unglücks-Band
    Im Lieben uns gesellen /
    Durch steten Widerstand.
ORSANES, ELIATES.
    Ich säh' auff wilde Wellen /
    Ich bau auff dürren Sand.

Neunter Auffritt.

Elmira und Clerida kommen von ferne singend.
Orsanes, Eliates.
Aria.

CLERIDA.
    Blindes Feur / das mich verzehret /
    Brenn' ach brenne doch nicht mehr!
ELMIRA.
    Liebes-Feur / das mich ernähret /
    Brenn / ach brenn noch eins so sehr.
CLERIDA, ELIATES.

Ich empfinde nur / kein Betrüben
In dem unvergnügten / höchstvergnügten Lieben.

Aria.

ELIATES *zu Clerida.*
Clerida du hält'st gefangen
Mein von Liebe mattes Hertz;
Sol ich keinen Trost erlangen?
CLERIDA.
Ich kan nicht.
ELIATES.
O herber Schmertz!

2.

CLERIDA *zu Orsanes.*
Schau / *Orsan,* mein treues Lieben /
Schau / und gib verdienten Lohn /
Wiltu kein' Erkäntniß üben?
ORSANES.
Ich kan nicht.
CLERIDA.
O grosser Hohn!

3.

ORSANES, *zu Elmira.*
Laß dich doch / *Elmir,* erweichen /
Da ich bitte / seuftz' / und fleh'.
Sol ich dann für Lieb' erbleichen?
ELMIRA.
Ich kan nicht.
ORSANES.
Ach ich vergeh!

4.

ELIATES, CLERIDA, ORSANES.
Lieb' / ich mercke dein Bethören /
Alle Hoffnung ist nun fort /

Da ich muß das Urtheil hören /
Ich kan nicht! Verzweiflungs-Wort!

Zehender Aufftritt.

Atis, Elcius, und Vorige.
Atis zeiget sich traurig.
Aria.

ELMIRA.
> Meiner Seelen Lust und Wonne /
> Was benebelt dein Gesicht? Traure nicht /
> Daß mir gläntze meine Sonne /
> Deiner Augen Freuden-Licht.

ELCIUS.
> Wo ich bey diesen Fackeln
> Des Nachtes sehen muß /
> So wird mein trunckner Fuß
> Im Finstern greulich wackeln.

Atis zeiget indessen seine Ungedult' / daß er nicht reden kan.

2.

ELMIRA.
> Mich vergnügt dein treues Hertze /
> Ob die Zunge gleich nicht spricht / Traure nicht /
> Es ersetzt der Augen Kertze /
> Was dem stummen Mund gebricht.

Elmira wil abtreten / Atis hält sie / und zeiget / daß er sich einiger Unbeständigkeit befürchte.

3.

ELMIRA.
> Sey versichert / mein Erretter /

Meiner stets getreuen Pflicht / Fürchte nicht /
Hat man doch für stumme Götter
Dienst und Opffer angericht.

Atis und Elmira treten ab.

ORSANES.
Orsanes mustu dann dem stummen Atis weichen?
CLERIDA.
Ist meine Schönheit nicht *Elmiren* zu vergleichen?
ELIATES.
Und kan ich / was *Orsan* verachtet / nicht erreichen?
ORSANES, CLERIDA, ELIATES.
Muß dann die schwere Liebes-Pein
Noch durch Verspottung schwerer seyn?

Eilffter Aufftritt.

ELCIUS.
Hoert / wie die Eulen
Für lauter Liebe heulen.
Pfuy Teuffel / steht das wol /
Daß sich ein Cavalier /
Mit Federn und Rappier /
Der nur von Hauen / Stechen /
Erschiessen / Hälsebrechen /
Zu sagen wissen sol /
Von *Venus* kleinem Huren-Sohn /
Dem Bärenhäuter / Ertz-*Cujon,*
So lässet *tribuliren* /
Daß er da in Figur /
Wie eine alte Hur /
Den Jammer-Thon muß *intoniren?*
Ich hätte zehnmahl lieber
Ein starckes Ochsen-Fieber /
Als daß ich an dem Narren-Seil
Mit führte Liebes-Affen feil.

Viva le trinck / trinck / trinck /
Cappo, das ist ein schönes Ding /
Und steht mir besser an /
Wann ich beym guten Wein ein Liedlein singen kan.

Aria.

Liebes-Schmertzen /
Geschossener Hertzen /
Ey! wie macht ihr die Leute so toll!
Mir gibt edler Safft Rheinischer Reben
Ein lustiger Leben /
Drum sauff' ich mich voll.
2.

Wann sie sitzen /
In Kummer / und schwitzen /
Sing und spring' ich eins wacker herum;
Und wann sie / wie Maulhänckische Affen /
Da stehen und gaffen /
Lach' ich mich schier krumm.
3.

Weg ihr Spatzen /
Es sind doch nur Fratzen /
Solt' ich auch so ein Närrichen seyn!
Wann im Hertzen ich fühl eine Wunde /
Die heil ich zur Stunde
Mit Rheinischem Wein.

Zwölffter Aufftritt.

Königl. Zimmer.
Cræsus, Orsanes, Eliates, Olisius, und viele Kriegs-Bediente.

CRŒSUS.
    Darff *Cirus* dann den Frieden mit uns brechen /

Und ist ihm unbekandt /
Daß meine nie verzagte Hand
Das Höhnen / und das Unrecht weiß zu rächen?
ELIATES.
Sein Volck ist in dem Krieg erfahren /
Und mehr / als unsre Scharen /
Des Siegens längst gewohnt.
CRŒSUS.
Wir haben ihrer doch bey Babel nicht geschont;
An Muth und Macht sol mirs nicht fehlen /
Wann nur das Glück wil unsre Seite wählen.
OLISIUS.
Die Furcht ist nütz im Kriegen /
Die auff Behutsamkeit gebaut /
Und sieht man den zum öfftern unterliegen /
Der gar zu viel auff seine Macht vertraut.

Dreyzehender Aufftritt.

Halimacus, und Vorige.

HALIMACUS.
Es ist der Feind im Finstern dieser Nacht
So nah heran gerückt /
Daß man ihn schon / in Ordnung zu der Schlacht /
Von unsers Lägers Wällen hat erblickt.
Gantz *Sardis* ist empört /
Und merckt man / daß die Furcht bey jedem sich vermehrt.
CRŒSUS.
Ist er so kühn / und hat er Lust zum Schlagen /
Wohlan wir wollens wagen /
Und seinen Frevel nach Verdienste straffen.
Geschwind / gebt Helm und Waffen!

Crœsus waffnet sich.

HALIMACUS.

Der Königliche Printz wird mit mir nicht verweilen /
Dem Herren Vater nach zu eilen /
Sein tapffrer Arm ersetzt des Mund's Gebrechen /
Wann man ihn sieht mit seinem Schwerdte sprechen.
CRŒSUS.
Ihr die ihr Ehr und Ruhm verlanget zu erwerben /
Folgt meinem kühnen Muth /
Mein Purpur-reiches Kleid wil ich noch rother färben /
Durch unsrer Feinde Blut.
Du aber / *Eliat,*
Verbleib / du solt an meiner Statt /
So lang ich diesen Krieg muß führen /
Mein Reich und diese Stadt regieren.

Eliates neiget sich / und empfängt den Regierungs-Stab.
Aria.

OLISIUS, HALIMACUS.
Geneigtes Geschicke /
Begleite / beglücke
Den muthigen Held!
CRŒSUS.
Durch tapfres Erkühnen
Ist Ruhm zu verdienen /
In *Mavors* Gezelt.
OLISIUS, HALIMACUS.
Geneigtes Geschicke /
ORSANES, ELIATES.
Begleite / beglücke /
Den muhtigen Held!

Vierzehender Auffritt.

Orsanes in tieffen Gedancken; folgends Clerida.

Muß ich in meinem Hertzen
Auch diesen Hohn verschmertzen /

Daß *Eliates* mir wird vorgezogen /
Zu solcher Ehr' erhöht!
So ists um mich gethan /
Mein' Ehrsucht ist betrogen /
Mein Lieben wird verschmäht /
Was fängstu an / *Orsan?*
Der König geht dem Feind' entgegen /
Printz *Atis* folgt / *Halimacus* imgleichen;
Vielleicht zeigt dir das Glück die Stund und das Vermögen /
Was du schon längst gehofft / anjetzo erreichen.
Ich sehe *Clerida,* mein Unmuth leidet nicht
Ihr Klagen jetzo anzuhören.

Tritt ab.

CLERIDA.
Bleib nur / ich wil dich nicht verstöhren /
Grausamer! Ach du fleuchst für mein Gesicht.

Aria.

Halt *Amor* ein / es ist zu viel!
Du treibst nur Spiel
Mit deinen Plagen /
Die ich so schmertzlich fühl' /
Und länger nicht kan tragen /
Es ist zu viel!

2.

Halt *Amor* ein / ich kan nicht mehr!
Es schmertzt zu sehr /
Daß all mein Flehen
Find nicht nur kein Gehör /
Besondern gar verschmähen;
Ich kan nicht mehr.

Funffzehender Aufftritt.

ELCIUS *närrisch gewaffnet / von vier Harlequins begleitet / die seiner spotten.*
    Seht wie die elementsche Affen
    Sich kitzeln über meine Waffen!
    Wie! seyd ihr närrisch / oder voll?
    Ich gläub' ihr werdet toll.
    Wanns länger währt / es wird nicht taugen /
    Ich schieß euch in die Augen.
    Ho! so solls anders stincken /
    Was laßt ihr euch bedüncken?
    Ich mercke wohl / beym Schlapperment /
    Daß ihr mich noch nicht kennt /
    Und wisst nicht daß ich führ
    Den *Caractér* vom *Officier.*
    Den Persern / dem *Canaille,*
    Mag nur für meine Fäuste grausen /
    Wie werd' ich ihre Peltze lausen /
    á la Bataille, á la Bataille.

            Aria.

    Das Blinckern /
    Und Flinckern /
    Und Klinckern
    Der Waffen /
    Kan Schrecken
    Erwecken /
    Nur Gecken
    Und Affen.
    Wer spühret
    Und führet
    Ein männliches Hertz /
    Wird Kriegen
    Und Siegen /
    Mit Lachen und Schertz.

          Ballet von Harlequins.

Sechzehender Aufftritt.

Der Schau-Platz zeiget im Vordertheil Cirus, und von weitem Crœsus Lager. Cirus mit seiner Armée forne / Crœsus hinten.
Aria.

CIRUS.
    Laß ich meine siegende Waffen nur sehen /
    Die Fahnen nur wehen /
    Erzittern /
    Erschüttern /
    Erbleichen /
    Entweichen /
    Die meine Macht durfften verschmähen.
    Ich führe das flüchtige Glück
    Gefangen am Strick.

Rittornello, von Paucken und Trompeten.

2.

    Wann blitzen die Persischen Spiesse und Degen /
    Darff keiner sich regen /
    Sie schlagen /
    Verjagen /
    Bekriegen /
    Bestiegen /
    Was ihnen sich setzet entgegen.
    So führ ich das flüchtige Glück
    Gefangen am Strick.

Ritornello.

CIRUS.
    Ihr Helden folget dann / die Stund' ist nun gekommen /
    Da jeder seine Treu und Tugend lasse sehn /
    Der Feind / vom Müßiggang und Wollust eingenommen /
    Wird unsrer Tapfferkeit nicht können widerstehn;

Wir dürffen sicher seyn / daß er muß unterliegen /
Und für uns eines ist / das Kämpffen und das Siegen.

Die Trompeten und Trommeln lassen sich von beyden Seiten hören.

CRŒSUS.
Frisch auff / uns rufft von weiten
Der frohe Krieges-Schall /
Ein jeder gebe dann den tapfern Wider-Hall /
Zun Waffen / zum Streiten!
CHOR *bey der Arméen.*
Zun Waffen / zum Streiten!

Darauff folget die Schlacht / worinnen zuletzt die Perser obsiegen / und die Lidier die Flucht nehmen. Ballet von Persischen Soldaten.

Siebenzehender Auffritt.

Crœsus flüchtig ohne Königliche Kleidung / ein Persischer Hauptmann / mit einigen Soldaten /folgends Atis und Halimacus.

CRŒSUS.
Der Perser Schwerdt und Pfeile
Sind Blitz und Donner-Keile /
Da keine Macht kan widerstehn.
Es ist nunmehr um mich und dieses Reich geschehn /
Ich muß nur in der Flucht mein Heil versuchen.
Ihr Götter / Sterne / Glück / solt' ich euch nicht verfluchen?
HAUPTMANN.
Ein Lidier! Stirb!
ATIS.
Es ist der König; hat!
Erschlag ihn nicht.
HALIMACUS.
Ach welch Entsetzen!
Wie! *Atis* spricht?
HAUPTMANN.

Der König? welch' Ergetzen!
So ist er dann in unserer Gewalt.

Führen ihn gefangen hinweg.

ATIS.
Ach! ich erstick im Blut.

Wirfft häuffig Blut aus.

HALIMACUS.
Wir müssen eiligst nur die Flucht ergreiffen /
Weils hie nicht sicher ist für unsrer Feinde Streiffen.
ATIS.
Wie kränckt es meinen Muth /
Daß ich den Vater muß
Gefangen hinterlassen.
HALIMACUS.
So wils des Himmels Schluß /
Darum ist nur Gedult zu fassen.
ATIS.
Mich Unglückseligen!
Da mein gefangner Mund der Bande wird befreyt /
Führt man den Vater hin / in Band' / und Dienstbarkeit.

Achtzehender Aufftritt.

Man siehet von weitem der Lidier verheertes Lager / und das Feld von Erschlagenen gantz bedeckt.
Cirus zu Pferde / umgeben von seinen Hauptleuten / und gefolgt von Soldaten / und vielen gefangenen Lidiern, triumphirend unter frölichem Trompeten- und Paucken-Schalle.
Aria.

CIRUS.
So jauchzet mein frölicher Muth!
So führ ich die siegende Zeichen
Auff Hügel von Leichen /

Durch Ströme von Blut.
So jauchzet mein frölicher Muth!
Ich drücke
Das Glücke
Dem Lidischen Glücke /
ErstickeDie schädliche Bruth;
So jauchzet mein frölicher Muth!

Rittornello mit Trompeten und Paucken. Crœsus wird in Ketten herzugeführet.

HAUPTMANN.
Hie ist die reichste Beute /
Die wir in diesem Streite
Verhofften zu erlangen /
Wir führen *Crœsus* selbst gefangen.

CIRUS.
O unverhoffte Freude!
So hat dich / *Crœsus,* dann
Die Abgrunds-Grufft verschlungen /
Die du gegraben hast /
Und drückt dich selbst die Last
Vom stoltzen Hohn-Gebäude /
Das du hast auffgeführt.
Was Rasen kam dich an /
Daß du nach Unglück selbst gerungen /
Wie gantz Assyrien *gerebellirt?*
Du hast sie wider mich erreget /
Und bist / wie sie / auffs Haupt erleget /
Mir durch die Flucht entsprungen;
Jetzt kommt und folgt dir näher nach
Mein und der Götter Rach!

CRŒSUS.
Ich muß den Göttern weichen.

CIRUS.
Den Göttern / und auch mir imgleichen.

CRŒSUS.
Nicht dir / nur deinem Glücke.

CIRUS.

> Schau deine Band' und Stricke.

CRŒSUS.
> Ich bin ein König.

CIRUS.
> Ja / dennoch mein Feind /
> Der es mit mir nicht redlich hat gemeint.

CRŒSUS.
> Der stoltze Hochmuth nimmt dich ein /
> Halt Könige Königlich / wiltu ein König seyn.

CIRUS.
> Der Himmel machet mich zum Uberwinder.

CRŒSUS.
> Wiltu im Glück so hoch den Bogen spannen /
> Machstu dich selber zum Tyrannen.

CIRUS.
> Sclav / rede was gelinder;
> Weg! führet ihn hinein.

CRŒSUS.
> Halt Könige Königlich / wiltu ein König seyn.

CIRUS.
> So jauchzet / *un supr. Aria.*

Anderer Handlung

Erster Aufftritt.

Bauren Hütten.
Ein Bauer / eine Bäuerin / zwey Bauren-Kinder / zweene Bauren / die auf Schallmeyen und Sackpfeiffen spielen.
Aria.

DIE ALTEN.
    Kleine Vöglein die ihr springet /
    Zwitschert / singet /
    Auff den Sträuchen
    Hie und da!
DIE KINDER.
    Kleine Vöglein / dir ihr springet /
    Zwitschert / singet /
    Auff den Sträuchen
    Hie und da!
DIE ALTEN.
    Fliehet für des Vöglers Pfeiffen /
    Euch zu greiffen /
    Zu beschleichen
    Ist er nah!
DIE KINDER.
    Fliehet für des Vöglers Pfeiffen /
    Euch zu greiffen /
    Zu beschleichen
    Ist er nah!

2.

DIE ALTEN.
    Zarte Hinden / die ihr graset /
    Schertzet / raset /
    In den Gründen
    Hie und da!

Die Kinder wiederholen wie oben.

DIE ALTEN.
    Flieht / der Jäger / euch zu hetzen /
    Ist mit Netzen /
    Strick und Winden
    Gar zu nah!

Die Kinder wiederholen.

3.

DIE ALTEN.
    Amor hälts mit selben Streichen /
    Pflegt zu schleichen /
    Als im Schertzen
    Hie und da!

Die Kinder wiederholen.

    Ist mit Pfeiffen / Netz und Stricken /
    Zu berücken
    Freye Hertzen /
    Stets gar nah!

Die Kinder repetiren.

ALLE 4.
    Amor hälts mit selben Streichen /
    Pflegt zu schleichen /
    Als im Schertzen
    Hie und da!
    Ist mit Pfeiffen / Netz und Stricken /
    Zu berücken
    Freye Hertzen /
    Stets gar nah!

Anderer Auffritt.

Atis, Halimacus, Vorige / welche in ihrer Arbeit dieser nicht gewahr werden.

ATIS.
    Orsanes treuloß.
HALIMACUS.
    Ja / und wie ein Strick
    Nicht wird von einem Garn gemacht /
    So fürcht ich / daß er schon durch lose Tück'
    Auff seine Seit' auch andre mehr gebracht.
ATIS.
    Untreue Diener ... Das Heer geschlagen ...
    Der König selbst gefangen ...
    Ach Himmel / must ich nur die Sprach' erlangen /
    Mein Unglück zu beklagen! /
HALIMACUS.
    Des Königs Freyheit muß man kauffen
    Und die zerstreute Schaaren
    Nach Müglichkeit zusammen führen;
    Das meiste ist noch zu befahren
    Von dem treulosen Hauffen /
    Die mit *Orsan* geneigt zum *Rebelliren.*
    Indessen halt' ich nütz zu seyn /
    Damit der Auffruhr nicht durch deine Sprach erwache /
    Der jetzt noch schläfft in Sicherheit /
    Daß man die Wohlthat noch zur Zeit
    Nicht kundbar mache /
    Die du vom Himmel hast genossen /
    Daß dir der stumme Mund entschlossen.
ATIS.
    Sol ich die Gnad undanckbar dann verschweigen /
    So mir die Götter zeigen?
HALIMACUS.
    Du kanst die Danckbarkeit im stillen Hertzen hegen /
    Biß sich der Sturm des Auffruhrs erst wird legen.
ATIS.
    Ich folge deinem treuen Rath;

  Ach / aber ach!
HALIMACUS.
  Was dann?
ATIS.
  Meinstu daß Atis schweigen kan /
  Um nicht *Elmir* die Zeitung selbst zu bringen /
  Daß ihn der Himmel so beglücket hat?
HALIMACUS.
  Vernunfft muß diesen Liebes-Trieb bezwingen.
ATIS.
  Mir fället etwas ein /
  Weil ich hier Land-Volck sehe.
HALIMACUS.
  Sag an / was sol es seyn?
ATIS.
  Ich wil mich selbst verhüllen
  In schlechte Bauren-Tracht /
  Und sagen / daß ich armer Knabe
  Von *Atis* sey gefangen /
  Der mich *Elmiren* schickt zur Gabe /
  Weil die Natur mich ihm so gleich gemacht.
  Es wird die Sprache den Betrug erfüllen /
  Ich unbekandt dadurch erlangen
  Elmir zu sehn / und kan daneben
  Auff den Rebellen Handel Achtung geben.

*   Wenden sich zu den Bauren / die erschrecken.*

HALIMACUS.
  Glück zu ihr lieben Leut'!
BAUREN.
  Habt Danck Ihr Gnaden.
HALIMACUS.
  Ihr dürfft euch nicht entsetzen /
  Wir wollen euch nicht schaden.
  Wir suchen nur ein schlechtes Bauren-Kleid
  Zu tauschen mit den reichen Schätzen /
  Die ihr an diesem Kleide spühret.

BAUREN.
>Wir thun / was uns gebühret.

Gehen mit den Alten in die Bauren-Hütte.

Dritter Aufftritt.

Elcius in poßierlicher Persischer Kleidung. Bauren-Kinder.

>Seht / wie Herr *Elcius*
>Ist ein *Politicus,*
>Und hängt / umb sein Gelück zu schaffen /
>Den Mantel nach dem Winde.
>Da alles / leider!
>Ging übern Hauffen /
>Und jeder fiel ans Lauffen /
>War ich geschwinde /
>Und stahl mir diese Kleider
>Von einem todten Affen.
>Dadurch ist *Elcius gemetamorphofirt.*
>Daß er für einen Perser jetzt passirt.

Wird der Bauren-Kinder gewahr.

>Was macht ihr lieben Kinder /
>Darff wohl ein armer Schinder
>Bey euch die matten Glieder
>Zur Ruhe legen nieder?

1. KIND.
>Wiltu dich zu uns setzen /
>So wollen wir in deiner Ruh
>Mit einem Liedlein dich ergetzen.

ELCIUS.
>Thut das / ich höre zu.

Aria.

1. KIND.
> Mein Kätgen
> Ist ein Mädgen /
> Der jede weichen muß /
> Wenn ich sie bey den Schaafen
> Offt finde ruhig schlaffen /
> Geb ich ihr manchen Kuß.

BEYDE.
> Mein Kätgen
> Ist ein Mädgen /
> Der jede weichen muß.

2.

1. KIND.
> Das Kindgen
> Hat ein Mündgen
> So süß wie eine Nuß /
> Wann man das Mündgen lecket /
> So schmecket / ach! so schmecket
> Wie Zucker jeder Kuß.

BEYDE.
> Mein Kätgen
> Ist ein Mädgen /
> Der jede weichen muß.

3.

1. KIND.
> Es prangen
> Ihre Wangen
> In Schönheits-Überfluß /
> Die geilen Lüfftlein spielen /
> Dran ihre Brunst zu kühlen /
> Und rauben manchen Kuß.

BEYDE.
> Mein Kätgen
> Ist ein Mädgen /
> Der jede weichen muß.

Elcius singet zuletzt mit / und tantzet.

ELCIUS.
    Ich solte schier mein Unglück gantz vergessen /
    Da doch der leere Magen
    Den Hunger nicht mehr kan ertragen /
    Weil ich den gantzen Tag noch nicht gegessen.
    Was fang ich armer Teuffel an /
    Wo ich das Brodt nicht betteln kan /
    So muß ich wohl von Hunger sterben /
    Sonst weiß ich nichtes zu erwerben.

Ballet von alten und jungen Bauren und Bäuerinnen.

Vierdter Auffritt.

Königlicher Vorhoff / mit einem Fisch-Teiche.
Clerida, Elmira.
Aria.

CLERIDA.
    Feindliche Liebe / wie quälstu mein Hertz
ELMIRA.
    Freundliche Liebe / wie freustu mein Hertz.
CLERIDA.
    Ich muß ertragen
    Tödtliche Plagen /
    Eyfer und Schmertz.
ELMIRA.
    Ferne vom Leiden
    Leb' ich in Freuden /
    Lachen und Schertz.
CLERIDA.
    Feindliche Liebe / wie quälstu
ELMIRA.
    Freundliche Liebe / wie freustu mein Hertz.

Elmira setzet sich zu fischen / mit einem Angel.

Fünffter Aufftritt.

Orsanes, Clerida, Elmira die fischet.

CLERIDA.
 Kan meine Treu *Orsanen* nicht bewegen?
ORSANES.
 Ich komm' hier.
 Um *Elmir,*
 Nicht deinetwegen.

Wendet sich zu Elmira.
Aria.

 Mein *Elmir,*
 Meine Sonne /
 Meiner Seelen Freud und Wonne /
 Ist bey dir
 Für mich Armen
 Kein Erbarmen?
 Mein *Elmir,*
 Meine Sonne!
CLERIDA.
 Nimm *Clerida,* und laß *Elmir.*
ORSANES.
 Ich rede nicht mit dir.

Elmira fähret fort im Fischen / sich stellend / ob höre sie Orsanes nicht.
Aria.

ELMIRA.
 Mein Angel fänget nicht /
 Er werde denn gefangen /
 So ist mirs auch ergangen;
 Ein holdes Angesicht

Hat mir mein Hertz' entrückt /
Wie seines ward bestrickt.

2.

Ihr stummen Fische seyd
Dem gleich / den ich muß lieben /
Der ist auch stumm geblieben;
Doch merckt den Unterscheid /
Ihr lebt in kalter Fluth /
Er stets in heisser Gluth.

ORSANES.
Du stellest dich / als hörstu nicht /
Wie? oder meinestu / es werde sich gebühren /
Weil *Atis* stummer Mund nicht spricht /
Daß du must dein Gehör verliehren.

ELMIRA.
Schau *Clerida,* die dir schon Antwort giebet.

ORSANES.
Ich rede nicht mit ihr.

ELMIRA.
Ich höre nicht nach dir.

CLERIDA.
Lieb doch / *Orsanes,* die dich liebet.

ELMIRA.
Sie ist ja mehr als Liebens-werth /
Und ich bin dir vom Himmel nicht beschehrt.

ORSANES.
Werd ich so hart betrübet?

ELMIRA, CLERIDA.
Lieb doch / *Orsanes,* die dich liebet.

Orsanes und Elmira treten ab.
Aria.

CLERIDA.
Sol dann so grosser Hohn
Seyn meiner Liebe Lohn?
Ach / *Clerida,* bestreite

Die blinde Liebes-Macht /
Damit Vernunfft dich leite /
Zu fliehen den / der dich verlacht!

2.

Ich Unglückselge! ach!
Mein Hertze ist zu schwach /
Und die Vernunfft muß weichen;
Da mich die Hoffnung nährt /
Ich werde noch erreichen
Das / was mein Hertz hält Liebens-werth!

Sechster Aufftritt.

Königliche Zimmer.
Eliates, Orsanes.

ELIATES.
So bald ich ward erhöht zu dieser Würde /
Bin ich von Sorgen eingenommen /
Und dadurch in Erfahrung kommen /
Daß grosse Ehr' hat grosse Bürde.
Indem des Zepters Pracht die Hand zwar schmückt /
Und doch den Geist mit schwerem Kummer drückt.

Aria.

Die Regierungs-Last zu tragen
Schickt sich nicht für jeden Rücken /
Atlas ist allein der Held /
Der die Welt
Stützt und hält /
Solts ein andrer wollen wagen /
Würd ihn gleich die Bürd' erdrücken.

ELIATES, ORSANES.
Die Regierungs-Last zu tragen
Schickt sich nicht für jeden Rücken.

ORSANES.
>Recht zu führen *Phœbus* Wagen
>Wil sich jede Hand nicht schicken /
>Selbst der Sonnen kühner Sohn /
>*Phaëton,*
>Kriegt den Lohn /
>Daß er irrt in vollen Jagen /
>Ward gestürtzt / und must ersticken.

ELIATES, ORSANES.
>Die Regierungs-Last zu tragen
>Schickt sich nicht für jeden Rücken.

CHOR *von innen.*
>Waffen / Hülffe / Hülffe / Waffen!

ELIATES.
>Was für ein Mord-Geschrey
>Läst sich hie hören?
>Wil sich die gantze Stadt empören?
>Ihr Götter / steht mir bey!
>Wo sol ich Hülffe schaffen?

CHOR *von innen.*
>Waffen / Hülffe / Hülffe / Waffen!

Siebender Auffritt.

Halimacus, Olisius, Elmira, Clerida, Trigesta, Eliates, Orsanes.

HALIMACUS UND ELIATES.
>Wir sind verlohrn! der Perser hat den Sieg.

OLISIUS.
>O unglückselger Krieg!

HALIMACUS.
>Das Heer geschlagen / und zerstreut.

HALIMACUS, OLISIUS, ELMIRA, CLERIDA.
>O Hertzeleid!

HALIMACUS.

Der König selbst gefangen.
Die besten Leute todt.
HALIMACUS, ELIATES, ELMIRA, CLERIDA.
O grosse Noth!
HALIMACUS.
Der Feind naht unsren Thoren /
Und wo wir sonst kein Hülff erlangen /
Ist unser Untergang nicht ferne.
HALIMACUS, ELIATES, ELMIRA, CLERIDA.
Ach helfft ihr Sterne!
Wer kan sonst Hülffe schaffen?
CHOR *von innen.*
Waffen / Hülffe / Hülffe / Waffen!
ELIATES.
Was ist dem Printzen widerfahren?
HALIMACUS.
Der ist noch unverletzt / und jetzt bemüht /
Daß er die so zerstreute Scharen
Zusammen sucht / und wieder an sich zieht.
ELIATES, OLISIUS.
O gütiges Geschick!
O Trost!
ORSANES.
O Ungelück!
HALIMACUS.
Zu erst erfodert unsre Treu /
Daß man beflissen sey
Den König loß zu machen.
ELIATES.
Bey so gestalten Sachen
Steht noch das äusserste zu wagen.
Ein jeder waffne sich in Eil /
Wer nur kan Waffen tragen.
Man greiff' indessen zu den Schätzen /
Zu unsers Königs Heyl /
Um ihn in Freyheit wiederum zu setzen
So muß Uns Gold und Eisen
Die letzte Hülff' erweisen.

HALIMACUS.
> So recht / der zeigt / daß er den König liebt /
> Der für ihm alles thut und giebt.

ALLE.
> Der zeigt / daß er den König liebt /
> Der für ihm alles thut und giebt.

Achter Aufftritt.

Halimacus, Elmira, Trigesta.

HALIMACUS.
> Holdseligste Elmir,
> Printz *Atis* schicket ihr
> Zu einer schlechten Gabe /
> Was er gefangen in der Schlacht.
> Es ist ein Bauren-Knabe /
> Den die Natur ihm selbst so gleich gemacht /
> Daß keiner nicht / noch selbst wir beyden /
> Die Sprach' allein nur ausgenommen /
> Sie würden können unterscheiden.

ELMIRA.
> Wo ist er?

HALIMACUS.
> Hie!

ELMIRA.
> Geh! laß ihn kommen.

Aria.

> *Amor,* sag / was fängstu an?
> Soll mein Hertz an diesem Knaben /
> Drin ich *Atis* sehen kan /
> Schmertzen / oder Freude haben?
> *Amor,* sag / was fängstu an?

Neunter Aufftritt.

Halimacus, Atis, in Bauren-Kleidung / Elmira, Trigesta.

HALIMACUS.
    Hier bring' ich *Atis* Ebenbild.
ELMIRA.
    Ich muß es gern gestehen /
    Ist solche Gleichheit je gesehen!
ATIS.
    (Nun ist mein Wunsch erfüllt.)

Heimlich.

HALIMACUS.
    Diß ist das Fräulein der du dienen must.
ATIS.
    Der Dienst ist mir nur eine Lust.
TRIGESTA.
    Solt' es nicht *Atis* selber seyn?
ELMIRA, TRIGESTA.
    Die Augen sagen ja / die Ohren / nein.
HALIMACUS.
    Ich gehe hin zum *Gouverneur,*
    Sie woll' indessen sich bequemen /
    Des Sclaven Dienst in Gnaden anzunehmen /
    Als wann es *Atis* selber wär.

Gehet ab.

ELMIRA.
    Wie ist dein Nahm?
ATIS.
    Ermin.
ELMIRA.
    Dein Vaterland?
ATIS.
    Ist Phrygien.

ELMIRA.
>	Dich schmertzt der Sclavenstand?

ATIS.
>	Gar nicht / wann ich ihr Diener heiss'.

ELMIRA.
>	Was hoffestu von mir? die Freyheit?

ATIS.
>	Nein.

ELMIRA.
>	Warum nicht?

ATIS.
>	Der ihr dient verlangt nicht frey zu seyn.

ELMIRA.
>	Glaubstu das?

ATIS.
>	Ja.

ELMIRA.
>	Woher?

ATIS.
>	Weil ichs von *Atis* weiß.

ELMIRA.
>	Der ist ja stumm.

ATIS.
>	Ich nahme den Bericht
>	Aus seinem Angesicht.

ELMIRA.
>	Liebt er mich recht von Hertzen?

ATIS.
>	Solt' ein so kaltes Hertz wohl seyn zu finden /
>	Das ihrer Augen güldne Kertzen
>	In Liebe nicht entzünden?

ELMIRA.
>	Redt man so bey den Pflügen?

ATIS.
>	Ich bin im Holtze zwar gebohren /
>	Gesäugt von einer Ziegen /
>	Drumb hab' ich menschlich Fleisch und Blut doch nicht verlohren.
>	Und wann man ein so schönes Mädgen findt /

Ist auch ein Baur nicht blind.
ELMIRA.
Wie artig spricht der Baur! Solt' es auch *Atis* seyn?
ELMIRA, TRIGESTA.
Die Augen sagen ja / die Ohren / nein.
ELMIRA.
Bleib stets bey mir / und diene nur getreu /
So mach' ich dich von aller Arbeit frey.
ATIS.
Ich sage Danck der hohen Ehr /
Und bin getreu / als wann ich *Atis* wär.

Elmira, Trigesta treten ab.
Aria.

ATIS.
Alle Freude leicht verstiebet /
Für der höchst-vergnügten Lust /
Wann man liebt / und wird geliebet.
Ich empfind' in meiner Brust
Alle Wollust / die auff Erden
Jemahls kan empfunden werden.

Zehender Aufftritt.

Eliates, Olisius, Halimacus, Orsanes, Atis.

ORSANES.
Was seh' ich!
ELIATES.
Atis.
ELIATES, OLISIUS, ORSANES.
Herr!
ATIS.
Ich bin es nicht /
Es gleicht ihm nur mein Angesicht.
HALIMACUS.

Es ist ein Baur / gefangen in der Schlacht /
Und weil es *Atis* hat befohlen /
Hab' ich ihn zu *Elmir* gebracht.
ORSANES.
So kriegt ihr Liebes-Feuer neue Kohlen.

Heimlich.

HALIMACUS.
Er heist *Ermin,* und zeigt / daß er nicht *Atis* sey /
Weil seine Zunge spricht /
ELIATES, OLISIUS, ORSANES.
Man schwür' es sey der Printz / hätt' er die Sprache nicht.
HALIMACUS.
Doch Herr / was hat der Rath beschlossen /
Daß man den König mache frey?
ELIATES.
Den halben Schatz will man
Für seine Freyheit bieten.
ATIS.
Warum dann
Den gantzen nicht?
ORSANES.
Schweig / Baur / mit deinen Possen /
Es scheint / daß du freygebig bist /
Mit dem / was nicht das Deine ist.
ATIS.
Euch hat der Geitz bethöret /
In dem / das euch nicht zugehöret.
ORSANES.
Soll *Cræsus* dann ein Bettel-König werden?
ATIS.
Er lässet diesen Schatz gar gerne fahren /
Wird man den andern nur bewahren.
ORSANES.
Wer ist der?
ATIS.
Treu / der gröste Schatz auff Erden.

ORSANES.
>   Sag / was bekümmert dich der Lidier König?
>   Sein Heyl rührt dich ja wenig.

ATIS.
>   Ich schätz euch nur nach meinem Sinn /
>   Für meinen König geb' ich alles hin.

ORSANES.
>   Was hastu?

ATIS.
>   Mehr als ihr / das glaubet frey /
>   Ich habe Lieb' und Treu.

ORSANES.
>   Seit wann hat doch die arme Treu
>   Sich bey den Bauren *retiriret?*

ATIS.
>   Seither daß Eigen-Nutz / Betrug und Heucheley
>   Zu Hoff allein regiert.

ELIATES.
>   Wir müssen hie mit vielem *disputiren*
>   Nicht unsre Zeit verliehren.
>   *Olisius,* er weiß / daß ihm der grosse Raht
>   Heut auffgetragen hat /
>   Daß als Gesandter er soll hin zu *Cirus* gehn.
>   Er wolle dann auffs beste eilen /
>   Und sich bemühn / es gleich dahin zu bringen /
>   Daß wir den König bald bey uns in Freyheit sehn.

OLISIUS.
>   Ich folge dem Befehl / und werde nicht verweilen.

ALLE.
>   Ihr Götter / lasset es gelingen!

Treten ab.

Eilffter Aufftritt.

Elmira, nachmahls Atis.
Aria.

ELMIRA.
>Ich lieb' und bin geliebet /
>Und weiß nicht was es sey /
>Wann *Amors* Tyranney
>Offt andre so betrübet /
>Ich schmeckt' auch nie die Frucht
>Der bittern Eifersucht.

2.

>So leb' ich höchst vergnüget /
>Hat gleich der Perser Macht
>Vom Reiche mich gebracht /
>Auch *Crœsus* schon besieget /
>Bleibt *Atis* nur getreu /
>Bin ich von Kummer frey.

Atis kommt.

ATIS.
>Printzeßin darff ein Sclav sie anzusprechen
>Die Kühnheit nehmen?

ELMIRA.
>Möcht es *Atis* selber seyn!

ATIS.
>Es steht bey ihr / sie bilde sich nur ein
>Ob wär' ers selbst.

ELMIRA.
>Was ist denn dein Gebrechen?

ATIS.
>Daß in den heissen Flammen /
>Die ihrer Augen Blitz schlägt über mich zusammen /
>Ich wie ein *Salamander* lebe.

ELMIRA.
>Wie!

ATIS.
>Und wie ein' Sonnen-Blum
>Ich stets nach ihr mein Haupt erhebe.

ELMIRA.

    Baur / was für Tollheit ficht dich an /
    Mir solche Reden für zu tragen?
ATIS.
    Könt' Atis reden / würd' er dieses sagen.
ELMIRA.
    Wohl dir / daß ich es so verstehen kan!

Aria.

ATIS.
    Ist niemand bewust /
    Wie lieblich die Lust /
    Wie süß das Verlangen /
    Gefangen
    In Ketten und Banden *Elmiren* zu leben /
    Dem kan meine Brust
    Die Nachricht bald geben /
    Der eintzig bewust /
    Wie lieblich die Lust /
    Wie süsse das Leben.
ELMIRA.
    Wie! darffstu nochmahls solche Reden wagen?
ATIS.
    Wird sie hiedurch zum Zorn erweckt /
    Da meine Meinung ich schon gnug entdeckt /
    Daß / wo der Printz nur sprechen könt' /
    Er dieses würde sagen.
ELMIRA.
    Meinstu es so / so ist es dir vergönnt /
    Und kan ichs wohl verstehen.

Tritt ab.

ATIS.
    O Hertzens-Lust / so treuen Sinn zu sehen!

Zwölffter Aufftritt.

Orsanes, Atis.

ORSANES.
    Was deucht *Ermin* beym Hofe-Leben?
    Solt' ihm der Bauren-Stand wol mehr Vergnügung geben?
ATIS.
    Ich müste blind und närrisch seyn /
    Wo mich des Hofes Pracht und Schein
    Nicht höchst erfreuen solte.
ORSANES.
    So find' ich / was ich wolte /

Heimlich.

ATIS.
    Mir deucht daß mich der Himmel liebt /
    Und Hoffnung mir zu grössern Glücke giebt.
ORSANES.
    So strebstu dann nach grössern Glücke?
ATIS.
    Ja / wo mirs ist beschehrt
ORSANES.
    Dir wird dein Hoffen bald gewährt.
    So du verschwiegen bist / und mir getreu.
ATIS.
    Verräther / welche Tücke /

Heimlich.

ORSANES.
    Was sagstu?
ATIS.
    Daß er kan auf meine Treue bauen /
    Und sein Geheimnüs mir gar sicher anvertrauen.
ORSANES.
    Hör dann / diß ist der Dienst / den ich begehr':

Weil du dem Printzen so gar ähnlich bist /
So stell dich stumm / und mach durch diese List /
Daß man dich für den Printzen selber halte.

ATIS.
Das fällt mir gar nicht schwer.

ORSANES.
Zeig dann hernach / daß / weil du kanst verspüren /
Wie daß dein stummer Mund nicht tüchtig zum Regieren /
Du wollest / daß an deiner statt
Ich dieses Reichs Regierung stets verwalte.

ATIS.
Ists dieses nur / was er verlanget hat?

ORSANES.
Durch Hülffe meiner Bund-Genossen /
Die mir zu dienen unverdrossen /
Wird man mich drauff zum Landes-Herren wählen.

ATIS.
Der Anschlag kan nicht fehlen ...
Doch dieses fällt mir ein /
Der Printz wird heute selber kommen /
Und sein *Concept* dadurch verrücket seyn.

ORSANES.
Wie weistus?

ATIS.
Weil ichs von *Halimacus* vernommen.

ORSANES.
So muß man *Atis* erst ums Leben bringen /
Eh' ich zum Zwecke kommen kan.
Gib Rath / *Ermin,* wie fang' ichs an ...
Hör / dieses deucht mir / solte wohl gelingen;
Weil er dich gerne bey sich sieht /
So bitt' ich / sey dahin bemüht /
Zu Nacht in sein Gemach zu schleichen;
Da wird es dir gar leichte glücken /
Daß du ihn kanst im Schlaff ersticken.
Den Cörper wirff hernach
Zum Fenster aus ins Meer /
So kanstu gleich den andern Tag /

      Mit seinen Kleidern angethan /
      Bestärcken jeden in dem Wahn /
      Du seyst der Printz / und ich dadurch erreichen /
      Was ich von dir begehr.
ATIS.
      Verfluchter Böswicht / du forderst dein Verderben.

Heimlich.

ORSANES.
      Was sagstu?
ATIS.
      Daß der Printz von meiner Hand sol sterben;
      Ich sag' es zu / er kan sich drauff verlassen.
ORSANES.
      Getreuster Freund / ach laß mich dich umfassen.

Dreyzehender Auffritt.

Persisches Lager.

ELCIUS, *mit einem Taflit-Krahm / Hecheln und Mäuse-Fallen.*
      Brill Brill / Feder und Dinte /
      Hechel und Mäußfall.
      Brill / Brill / Balsam Sulphuris /
      Taback en Poudre, Brill / Brill.
      Hier! Wey jn nich dat neye Leet /
      Vam olden künstlicken *Secret,*
      Tho macken Gold uth Buren-Schweet?
      Brill / Brill.

Aria.

      Kommt / ihr Herren / kommt zu kauffen /
      Kaufft um ein geringes Geld /
      Was euch von dem Krahm gefällt /
      Oder ich muß weiter lauffen.

Kauffe / wer was kauffen wil /
Messer / Scheeren / Kamm und Bürste /
Gute Bolognesche Würste /
Pflaster / Balsam / Glaß und Brill /
Hechel / Ratz- und Mäuse-Fallen /
Zahne-Pulver / Flecken-Ballen /
Federn / Dinte / Siegel-Lack /
Nadeln / *Mouches,* Schminck und Seiffen /
Tabacks-Puder / Büchs und Pfeiffen /
Neue Lieder / Allmanacq /
Alles hab' ich Hüll und Füll' /
Kauffe / wer was kauffen wil.
Seht doch / wozu die Noth /
Die Kost nur zu erwerben /
Den Menschen bringen kan.
Weil ich verdürstet / matt und mager /
Hie in der Perser Lager
So must herum *peregriniren* /
Und noch kein Mittel funde /
In Sicherheit zu *echappiren* /
Fing ich vorerst zu betteln an.
Ich suchte nur das truckne Brodt /
Für Hunger nicht zu sterben;
Doch es bekam mir / wie das Graß dem Hunde.
Ich mochte bitten oder weinen /
Von Grossen und von Kleinen /
Von Reichen und von Armen /
Wolt' über mich sich keiner nicht erbarmen.
Ich kriegte kaum ein gutes Wort /
Du Bärenhäuter troll dich fort /
Schämt sich der starcke Flegel nicht /
Daß er die Leut um Geld anspricht;
Du Esel kanst wohl Arbeit thun /
Und suchen sonsten noch *Fortun,*
Wirstu dich nicht geschwinde packen /
So leg' ich dir / beym Element /
Den Prügel in den Nacken;
Das hatt' ich stets zum Compliment.

Indessen zeigte sich mein Glückstern wieder;
Ich fand am Ufer einen alten Schmauß /
Der setzte diesen Krahm beym Flusse nieder /
Dem gab ich einen *Posterianus*-Stoß /
Daß er ins Wasser schoß /
Da ist der Schelm ersoffen /
Und ich bin mit dem Krahm davon geloffen.
Da habt ihr meinen Lebens-Lauff /
Nun wollt ihr kauffen guten Kauff /
So sagts / und machts nicht lange /
Ich darff mich hie nicht sicher wagen /
Weil mir ist bange /
Es möchten die Meister den Bönhafen jagen.
Brill / Brill / Feder und Dinte /
Hechel und Mäußfall / Brill / Brill

Gehet ab.

Vierzehender Aufftritt.

Cirus auf einem Thron in seinem Gezelte / Cræsus gefesselt / und von Soldaten begleitet / ein Hauptmann / und viele andere Kriegs-Bediente.
Aria.

CRŒSUS.
Niemand kan aus diesen Ketten /
Wo es nicht der Himmel thut /
Den verlaß'nen *Cræsus* retten.
Wozu nützt mein grosses Gut?
Was hab' ich von allen Schätzen?
Die mich nicht in Freyheit setzen!

Nahet sich zu Cirus.

CIRUS.
Knie nieder / und wirff dich zur Erden /
Wo du von mir gehört wilst werden.

CRŒSUS.
> Ein König beugt die Knie für *Jupiter* allein.

CIRUS.
> Du bist nicht König mehr.

CRŒSUS.
> Ich bins und wil es seyn;
> Verliehr' ich schon mein Reich / mein' Ehr / und grosses Gut /
> Behalt' ich doch dennoch mein Königliches Blut.

CIRUS.
> Es sollen dir die Flammen /
> Wozu man dich wird bald verdammen /
> Den stoltzen Hochmuth besser beugen.

CRŒSUS.
> Thu' was du wilt / du wirst nur mehr bezeigen /
> Daß du ein Wütrich bist.

CIRUS.
> Du hast die Straffe wohl verdienet /
> Weil du ohn Ursach dich erkühnet /
> Mit deiner Macht / und falschen List /
> Den Auffruhr *Babylons* zu stärcken /
> Drum lässt dir jetzt der Himmel mercken /
> Daß meine Rache keine Tyranney /
> Vielmehr Gerechtigkeit / und Gottes Straffe sey.

HAUPTMANN.
> Es hat der Feind Gesandten abgeschickt /
> Die suchen *Audientz.*

CRŒSUS.
> Da wird mein Geist erquickt.

CIRUS.
> Gesandten! sind sie noch so keck?
> Führt sie herein / und diesen weg.

Crœsus wird abgeführet.

Fünffzehender Auffritt.

Olisius, mit vielen Lidiern / Cirus, und seine Bediente.

OLISIUS.
> Großmächtigster Monarch / Glückseligster der Helden /
> Die Feinde müssen selbst den grossen Ruhm vermelden /
> Den deine Tapfferkeit / und Tugend dir erwirbt.
> Wir hoffen festiglich / daß bey so grossen Gaben
> Du auch wirst Gütigkeit / und Gnad' im Hertzen haben /
> Und nicht verhängen / daß gantz Lidien verdirbt.
> Wir bitten Frieden / und erbieten uns daneben /
> Für *Crœsus* Freyheit dir den halben Schatz zu geben.

CIRUS.
> Den halben Schatz ... zu geben ... Ich muß lachen /
> Da ihr ja selbst genugsam wisst /
> Daß *Crœsus* gantzer Schatz mein eigen ist /
> Woran ich euch nicht wil theilhafftig machen.
> Ihr könnet denen wieder sagen /
> Die euch zu mir gesandt /
> Daß ich der Waffen Stille-Stand
> Noch halten wil in zweyen Tagen.
> Als morgen kan / um *Crœsus* selbst zu sehn /
> Ein jeder ohn Gefahr in dieses Lager gehn /
> Find ich den andern Tag nicht *Sardis* Pforten offen /
> So ist am dritten kein' Erbarmung mehr zu hoffen.

Steiget von Thron.

OLISIUS.
> Genade / grosser Fürst!

CIRUS.
> Nein / schweiget / gehet /
> Die Rosen wachsen nicht / wo man nur Dörner säet.

Die Lidier treten ab.
Aria.

CIRUS.
> Ihr tapfern Soldaten / frolocket nun wieder /
> Wir haben gesieget /
> Gantz Lidien lieget

Zu unseren Füssen schon nieder.
Vertreibet die finstere Nacht
In Lachen und Schertzen /
Entzündet des Freuden-Feurs Kertzen
Das *Cirus* zu Ehren gemacht.

*Ritornello mit Trompeten und Paucken. Es wird
Nacht / und præsentiret sich eine Illumination worunter einige Feuerwercker tantzen.*

Dritter Handlung

Erster Aufftritt.

Printz Atis Vor-Gemach.

ORSANES, *folgends Eliates, mit vielen Hoff-Leuten.*

Aria.

Die Flamme steigt stets über sich
Gen Himmel an und lehret mich /
Daß ich mich sol erheben /
Und stets nach Höhern sterben.

2.

Es eilt ins Meer der kleine Bach /
Und sagt im Strudeln: Thu mirs nach /
Daß du nach Grössern trachtest /
Und kleinen Raum verachtest.

Eliates kömmet mit vielem Gefolge.

ELIATES.
    Find' ich *Orsan* so früh in *Atis* Vorgemach /
    Da kaum der Tag anbricht?
ORSANES.
    Ich wünsche / daß das neue Licht
    Ihm neue Lust stets bringen mag!
ELIATES.
    Der Himmel sey gepriesen /
    Der aus die Gnad erwiesen /
    Und uns die Lust wil gönnen /
    Daß wir ihn in Gesundheit sehen können.
ORSANES.
    Hat er so grosse Lust ein stummes Bild zu sehen?
ELIATES.

Erfreut uns nicht jetzund das neue Tages-Licht /
Ob gleich *Aurora* und die Sonne selbst nicht spricht?
Ein treuer Diener ist schon glücklich gnug daran /
Wann er nur seinen Herren sehen kan.
ORSANES.
Ja wüst' er was in dieser Nacht geschehen!

Heimlich.

ELIATES.
Er kömmt / ich habe schon Geräusch vernommen.
ORSANES.
Es wird der Baur an statt des Printzen kommen.

Heimlich.
Es öffnet sich Atis Schlaff Gemach.

Anderer Aufftritt.

Atis in Fürstl. Kleidung / Halimacus, Eliates, Orsanes und Hoffleute.

ELIATES.
Da ist der Printz.
ORSANES.
Der Baur den ich erhebe.

Heimlich.

HALIMACUS.
Atis lebe!
(ALLE.)
Atis lebe!

Atis stellet sich freundlich gegen jedweden.
Aria.

HALIMACUS.

Weils dem Himmel so gefällt /
Können wir die Unglücks-Plagen
Desto leichter noch ertragen /
Da er diesen Held erhält /
Daß er uns Erquickung gebe;
Atis lebe!
ALLE.
Atis lebe!
ORSANES.
Mich schmertzt des Königs Ungelück /
Daß der erzürnte Himmel
Ihn stürtzt in Band und Strick.

Atis wendet ihm mit spöttischen Gebärden den Rücken zu.

ORSANES.
Schaut doch den Bauren-Lümmel.

Heimlich.
Atis macht viele Gebärden gegen die andern.

HALIMACUS.
Er bittet / daß sie wollen Sorge tragen /
Und alle Krafft und Schätze wagen /
Den Herren Vater frey zu machen.
ORSANES.
Ich muß des alten Narren lachen.

Heimlich.

ELIATES.
Wir geben für ihm Gut und Blut.

Atis gibt Zeichen danckbarer Erkäntlichkeit.

HALIMACUS.
Er zeigt / daß wer getreue Dienste thut /
Gnugsamen Lohn zu hoffen habe.

ORSANES.
>Wie stellet sich der schlimme Bauer-Knabe.

Heimlich.

HALIMACUS.
>Man greiffe eiligst dann zum Wercke /
>Daß man den Ernst bey jedem mercke /
>Was Nützliches zu schaffen.
>Zum Wercke / zun Waffen!

Treten ab / ausser Orsanes und Atis.

ORSANES.
>Ermin, wie ist es abgegangen?

ATIS.
>Es ist mir alles wohl geglückt /
>Wie wir es können selbst verlangen.
>Printz *Atis* ist im Schlaff erstickt /
>Und trägt den Todten-Cörper schon
>Das wilde Meer davon.

ORSANES.
>Ach laß mich dich für Freud umfangen!

ATIS.
>Nicht so vertraulich.

ORSANES.
>Was?

ATIS.
>Ein Fürst macht sich nicht so gemein /
>Mit Dienern die Verräther seyn.

ORSANES.
>Wie / wird der Tölpel toll?

ATIS.
>Ach ich vergaß /
>Daß ich von Bauren bin gebohren.

ORSANES.
>Vergiß nicht selber wer du seyst;
>Und sieh dich für / die Wände haben Ohren.

Elmira kommt / sey stumm.

ATIS.
> Ermuntre dich mein Geist.

Dritter Aufftritt.

Elmira, Atis, Orsanes.

ELMIRA.
> Der Himmel sey gepreist /
> Der dich / mein liebster Engel /
> Dem Tod' und der Gefahr entreist.

Atis macht ihr freundliche Gebärden.

ORSANES.
> Seht doch den Bauren-Bengel!

Aria.

ELMIRA.
> Fühlestu noch *Amors* Kertzen /
> Werthster Printz / in deinem Hertzen?
> Und ist noch die alte Treu /
> Die du mir so theur geschworen /
> Daß *Elmir* die Liebste sey /
> Unverlohren?

Atis antwortet mit holdseligen Gebärden.

ORSANES.
> Ey der schönen Freyerey!

Atis macht Orsanen eine verächtliche Mine.

ORSANES.
> Seht mir doch den stoltzen Thoren.

2.

ELMIRA.
>Bistu stets beständig blieben /
>Findstu Freud' in deinem Lieben?
>Ach so glaub auch sicherlich /
>Daß *Elmir* an ihren Wunden
>Nichts als grosse Lust für sich
>Hat empfunden.

>*Atis zeiget verliebte Zustimmung.*

ORSANES.
>Schönstes Kind / du irrest dich.

>*Atis siehet Orsanen hönisch an.*

ORSANES.
>Ist des Bauren Witz verschwunden?

>*Heimlich.*

ELMIRA.
>*Orsan* du kanst nicht sehen
>Wie unsre Hertzen sich so wohl verstehen.
>Nicht wahr / mein Printz?

>*Atis wincket Nein.*

Er zeigt ich habe recht.
ORSANES.
>Ach kennte sie den groben Bauren-Knecht.

>*Heimlich.*
>*Atis zeucht einen Ring vom Finger / und gibt ihn Elmiren.*

ELMIRA.
>Gibstu mir diesen edlen Stein /

Und sol mir dessen Härtigkeit
Ein Sinn-Bild fester Treue seyn?

Atis winket Ja.

ORSANES.
Der Baur ist nicht mehr recht gescheut.

Heimlich.

ELMIRA.
Hab schönen Danck / und glaub daß meine Treu
Auff ewig dir versichert sey.

Tritt ab.

ORSANES.
Wie / hastu deiner selbst vergessen /
Daß der Printzeßin du Geschencke giebest /
Und zeigst daß du sie liebest?
Wie wirstu so vermessen?
ATIS.
Ich bin ein Printz drum schweig!
ORSANES.
Vor dir?
Ich / schweigen müssen?
ATIS.
Ich folg *Elmir.*
ORSANES.
Wohin?
ATIS.
Das dient dir nicht zu wissen.

Tritt ab.

ORSANES.
Ach thörichter *Orsan,*
Was hastu doch gethan /

Da diesem Blinden du das Ruder anvertraut?
Du hast dir deinen Fall gebaut /
Was fängstu nunmehr an?

Vierdter Aufftritt.

Halimacus, Olisius, Eliates, Orsanes, Elcius.

ELIATES.
> Was bringet ihr vom Feinde?

OLISIUS.
> Nichts als Höhnen?
> Bedräuen / Zürnen und Verspotten.
> Wir haben ihm / den König auszusöhnen /
> Den halben Theil des Schatzes angeboten.
> Er wil von uns kein Anerbieten wissen /
> Da wir / ihm seiner Meinung nach /
> Das gantze Reich zu eigen lassen müssen.
> Nur diesen / und noch einen zweyten Tag /
> Wil er den Stillstand halten;
> Als heute können wir / um *Crœsus* selbst zu sehn /
> In Sicherheit nach seinem Lager gehn;
> Findt er nicht morgen *Sardis* Pforten offen /
> Ist für uns nachmahls kein Erbarmen mehr zu hoffen.

ELIATES.
> Verstocktes Hertz!

HALIMACUS.
> Unmenschliches Gemühte!

ELIATES.
> Er sol sich noch so leicht des Sieges nicht erheben.
> Trutzt er nur auff des Glückes Güte /
> Das stürtzt diejene bald zur Erden /
> Die gar zu stoltz und auffgeblasen werden.

HALIMACUS, OLISIUS.
> Der Himmel woll' es geben!

Aria.

ELIATES.
>Waffnet / was kan Waffen tragen /
>Unser Heil noch eins zu wagen /
>Jeder zeige mit der That /
>Daß er Hertz und Treue hat.

HALIMACUS, OLISIUS, ORSANES.
>Jeder zeige mit der That /
>Daß er Hertz und Treue hat.

Treten ab.

Fünffter Aufftritt.

ATIS *in Bauren-Kleidung. Folgends Elmira.*

Aria.

>*Elmir,* wo bleibestu?
>Du meiner Seelen Ruh'!
>Ach möchtestu nur wissen /
>Daß *Atis* stummer Mund /
>Der nur allein mit Küssen
>Vor diesem reden kunt' /
>Ist jetzt der Band entrissen /
>Ach komm / und hör ihm zu /
>*Elmir,* wo bleibestu?

Elmira kömmt.

ATIS.
>Sie kommt. Printzeßin!

ELMIRA.
>Liebstes Leben!

ATIS.
>Wie?

ELMIRA.
>Ach! wie wird mein Mund verführt;

> An *Atis* wolt ich diese Antwort geben.

ATIS.
> Warum nicht mir?

ELMIRA.
> Weil es sich nicht gebührt.

ATIS.
> Was würde sie damit verschulden?

ELMIRA.
> Mein Königliches Blut / und auch die Ehrbarkeit /
> Kan keine Bauren-Liebe dulden.

ATIS.
> Ich bin ja auch ein Mensch.

ELMIRA.
> Doch eines Bauren Kind.

ATIS.
> Was sol der Eltern-Stand den Seelen schaden können /
> Da sie all' ingesammt vom Himmel kommen sind?

ELMIRA.
> Ja / aber doch mit Unterscheid.

ATIS.
> Der mich dem Printzen so gar ähnlich hat gemacht /
> Hat mich vielleicht auch würdig gnug geacht /
> Ein Fürstliches Gemüthe mir zu gönnen.

ELMIRA.
> Du kannst doch nicht zu meinem Stand gereichen.

ATIS.
> Die Liebe weiß / was ungleich / zu vergleichen.

ELMIRA.
> Schweig / oder meine Gunst wird sich in Zorn verkehren.

ATIS.
> Ihr Zorn wird meine Liebe nur vermehren.

ELMIRA.
> Ich wil es *Atis* klagen.

ATIS.
> Da werd' ich nichts nach fragen /
> Er / wil daß sie mich lieben soll.

ELMIRA.
> Schweig / du bist toll.

Tritt ab.
Aria.

ATIS.
>Mich vergnüget dieses Höhnen /
>Dieser Zorn ist meine Lust /
>Was *Ermiren* wehe thut
>Machet *Atis* wohlgemuth /
>Weil *Elmira* zu versöhnen /
>Ihm die Mittel sind bewust /
>Mich vergnüget dieses Höhnen /
>Dieser Zorn ist meine Lust.

Sechster Auffritt.

Orsanes, Atis.

ORSANES.
>Unsinniger / find ich dich hier?
>Du legst die Bauren-Kleider wieder an /
>Und siehest nicht in was Gefahr wir stecken /
>So man die Wahrheit wird entdecken.

ATIS.
>Ich fürchte nichts.

ORSANES.
>Warum hastus gethan?

ATIS.
>*Elmir* zu sprechen.

ORSANES.
>Wie! *Elmir!*
>Wovon?

ATIS.
>Von Liebe.

ORSANES.
>Du?

ATIS.
>Ja ich.

ORSANES.
>Ich liebe sie / du weisst es ja.
ATIS.
>Was rührt das mich.
ORSANES.
>Baur / nicht so stoltz.
ATIS.
>Was Baur!
>Ich bin der Printz.
ORSANES.
>Wie / wiltu schertzen?
ATIS.
>Gar nicht / ich mein' es recht von Hertzen.
ORSANES.
>Denck was geschehn! Es wird dir säur /
>Wirstu *Orsan* zum Zorn erregen.
ATIS.
>An seinem Zorn ist mir nicht das gelegen.
>Ich bin in *Lidien* nunmehro Printz allein /
>Und um dafür stets angesehn zu seyn /
>Hastu die Kunst mir selber wollen zeigen /
>Daß ich nur dörffte schweigen.

Tritt ab.

ORSANES.
>Mich Unglückseligen! Ihr Himmel / grosse Götter /
>Ist es ein Traum? Ich werde schier zum Stein.
>Mich sticht der Dorn / den ich gesäet /
>Der faule Dampff / den ich erhöhet /
>Durch stoltzen Wind bewegt /
>Verändert in ein Donner-Wetter /
>Das mich zu Boden schlägt.

Aria.

Werthes Glück, verlaß mich nicht!
Da die schweren Trübsals-Wellen

Stürmen / schwellen /
Daß mein Hoffnungs-Schiff schier bricht;
Kan ich ihre Macht nur schneiden /
Werd ich noch kein Schiffbruch leiden.
Werthes Glück / verlaß mich nicht!

Siebender Aufftritt.

Königlich Zimmer.
Atis nachmahls Elmira, Trigesta.

ATIS *schreibet an einem Tische.*

Aria.

Sol des Goldes Glantz recht glimmen /
Sol der Harffen Thon recht stimmen /
Schont die Hand der Schläge nicht /
So wil ich mit scharffen Briefen
Noch *Elmiren* Treue prüfen /
Eh sie vom Geheimenisse
Nachricht wisse /
Daß der stumme *Atis* spricht.
Sie komt; Printzeßin!
ELMIRA.
Was? darffstu es noch wohl wagen /
Und kömmst zu mir?
ATIS.
Printz Atis schickt mich her.
ELMIRA.
Was ist dann sein Begehr.
ATIS.
Diß Schreiben wird ihrs sagen.

Atis reichet ihr einen Brieff / den sie eröffnet / und lieset / wie folget.

Elmira trage keine Scheu /

Erminen, als den Printzen selbst / zu lieben /
Und wisse / daß es so gefällig sey /
Dem / der ihr dieses hat geschrieben. Atis.
ELMIRA.
Was les' ich / träum ich nicht? des Printzen Hand
Ist mir nur gar zu wohl bekandt ...

Sie zerreist den Brieff.

Du unverschämter Both' / ich rathe dir /
Bring solche Brieffe mir nicht mehr.
ATIS.
Giebt sie dann *Atis* kein Gehör?
ELMIRA.
Daß ich solt einen Bauren lieben?
ATIS.
Es ist sein Will.
ELMIRA.
Du hast ihn dazu angetrieben.
ATIS.
Daß er es selber sucht / ist ihr das nicht genug?
ELMIRA.
Scher weg / du bist ein Narr / und Atis ist nicht klug.

Atis tritt ab.
Aria.

Liebt mich *Atis,* kan es seyn?
Nein / ach Nein!
Er fühlt nicht mehr Amors Wunden /
Seine Treu ist gantz verschwunden /
Es ist lauter Heuchel-Schein.
Liebt mich *Atis,* kan es seyn?
Nein ach Nein!

Achter Aufftritt.

Trigesta, folgends Elcius mit seinem Krahm.
Aria.

Zarte Jungfern / diß allein
Last euch gnug zum Beyspiel seyn /
Daß dem Lieben der Gesellen
Ist kein Glaube zuzustellen.

2.

Mancher sitzt / und schwätzt euch für /
Wie von Lieb' er sterbe schier /
Glaubt doch nicht den Narren-Possen /
Sein Gehirn ist nur geschossen.

3.

Wer am meisten flucht und schwürt /
Ist am wenigsten gerührt /
Es sind lauter falsche Lügen /
Euch nur in den Schlaff zu wiegen.

ELCIUS.
Hier wenjy nich dat neye Lied /
Van der olden *Courante* Margret.
Oublis, oublis.

TRIGESTA.
Was für ein starcker Bengel
Kömmt hier / und ruffet Lieder aus?

ELCIUS.
Du alte Pulver-Flasche /
Mach mir den Kopff nicht krauß /
Sonst kriegstu was auf deine lose Wasche.

TRIGESTA.
Du kahler Galgen Schwengel /
Heistu mich alt / und siehest nicht /
Wie diß Jungfräulich Angesicht

Noch überall mit Schönheit ist geschmückt?
ELCIUS.
Auwe! Ich werd' in Lieb entzückt!
Ich muß das schöne Bild doch recht *bespeculiren.*

Setzt einen Brill auf.

Sieh da! *Trigesta,* find ich dich?
TRIGESTA.
Und woher kennstu mich?
ELCIUS.
Solt' *Elcius* dich nicht mehr kennen?
TRIGESTA.
Was hör' ich nennen!
Mein *Elcius!* Ich glaube daß ers ist
Du Stock-Narr / der du bist /
Muß dich der Hencker dann in solche Kleider führen!
Was sol es doch bedeuten?
ELCIUS.
Ich schäme mich fast vor den Leuten /
Mein Unglück zu erzehlen /
Und würd' es dich und mich nur qvälen.
Gnug daß du siehst / wie ich ein Kauffmann bin.
Komm her und thu' den Beutel auff /
Such aus / ich gebe guten Kauff.
TRIGESTA.
Was hastu denn? Elcius gar schöne Sachen;
Hier hab' ich Schminck / ein Alte jung zu machen.

Aria.

Schminck / ein Kleinod dieser Zeit /
Müste manche dein entbehren /
Würde sie mit heissen Zähren
Klagen ihre Heßlichkeit /
Die jetzund für trefflich schön
Wird von jedem angesehn.
ELCIUS.

Hie hab' ich Schnupff-Toback / da kauff von ein /
Wo du wilt nach der *Mode* seyn.

2.

Schnupff-Toback gilt jetzo Geld /
Da der Wurm ist eingerissen /
Daß die Leute schnauben müssen /
Weil mans für die Mode hält;
Con Licenza sagt der Geck /
Und schnaubt einen trucknen Dreck.

TRIGESTA.
Die Wahr magstu für dich gebrauchen /
Zum Schnauben oder Schmauchen.
Was ist dann diß?

ELCIUS.
Das sind *Acteons* Waffen /
Die mir den meisten Vortheil schaffen.

3.

Hastu dann noch nicht gehört /
Wie galant in diesen Tagen
Groß' und Kleine Hörner tragen?
Dieser Krahm ist Ehren-werth;
Hörner sind *courante* Wahr /
Ich verkauffe tausend Paar.
Kauffstu nicht schöne neue Lieder?

TRIGESTA.
Die Zeit ist uns dazu benommen /
Ein andermahl besuch mich wieder /
Ich höre Leute kommen.

Treten ab.
Ballet von Schorsteinfegern und
Scheerenschleiffern.

Neunter Aufftritt.

Clerida, Elmira.
Aria.

CLERIDA, ELMIRA.
    Nein / nun wil ich nicht mehr lieben.
    Amor hat mit meinem Schmertzen
    Sein so saur gesalztnes Schertzen
    Nunmehr lang genug getrieben.
CLERIDA, ELMIRA.
    Nein / nun wil ich nicht mehr lieben!
CLERIDA.
    Will sie noch über *Amor* klagen /
    Der sie im Lieben höchst beglückt?
ELMIRA.
    Ach hör / ich muß dir sagen /
    In welchen Labyrinth er mich bestrickt ...
    Doch *Atis* kömmt / du wirst so gütig seyn /
    Und lassen mich mit ihm allein.

Zehender Aufftritt.

Elmira, Atis in Fürstlicher Kleidung.

ELMIRA.
    Printz weistu daß *Ermin* mit mir vom Lieben spricht?

Atis lachet.

Du lachest noch / und zürnest drüber nicht?

Atis wincket Nein.

Kanstu / daß er mich liebt vertragen?

Atis wincket Ja.

Wird dann die Eifersucht dich nicht deswegen plagen?

Atis wincket Nein.

Ja du wilt selbst / ich sol ihn wieder lieben?

Atis wincket Ja.

Hastu den Brieff / so er mir bracht' / geschrieben?

Atis wincket Ja.

    Verflucht sey *Amor* dann /
    Der dich Undanckbaren zu lieben
    So hefftig mich hat angetrieben.
ATIS.
    Ich bin noch stumm / wo ich hie länger schweigen kan.
    Printzeßin / werthstes Kind.
ELMIRA.
    O wehe!
    Was ist es / das ich sehe?
    Hastu des Printzen Kleider angezogen /
    Und meynst / ich werde leicht dadurch betrogen?
ATIS.
    Ich bin Printz *Atis* selbst.
ELMIRA.
    Schweig / Atis redet nicht.
ATIS.
    Der Himmel hat den stummen Mund entschlossen.
ELMIRA.
    Das sind nur Fabeln / Possen.
ATIS.
    Nein / mein' Elmir,
    Es ist die Warheit / glaube mir /
    Ich bin der Printz.
ELMIRA.
    Du bist ein Bösewicht.
ATIS.

Ich hatte mich verstellt in schlechte Bauren-Tracht /
Dadurch bistu in diesem Wahn gebracht.
ELMIRA.
Es sind doch lauter Lügen /
Der Printz hat mit dir diese List erdacht /
Und sucht ihr beyde nur mich zu betriegen.

Tritt ab.
Aria.

Dieses Schmähen / das ich leide /
Dieser Zorn / der auff mich fällt
Ist die höchste Ehr' und Freude /
So ich suche in der Welt.
Endlich wird doch dieses Höhnen
Meine treue Liebe kröhnen.

Eilffter Aufftritt.

Orsanes, Atis.

ORSANES.
Ermin, hör!
ATIS.
Was *Ermin,* du solt mich *Atis* heissen
Ich bin der Printz; wo du mich wirst verrathen
Entdeckstu selbst auch deine Missethaten.
ORSANES.
So meynstu diese Kron also zu dir zu reissen?
Sag Baur!
ATIS.
Sol ich sie dir vielleichte lassen?
Sag Narr!
ORSANES.
Ich werde kundbar machen /
Daß du den Printzen hast ermordt.
ATIS.

Du leugst / ich werde dessen lachen.
ORSANES.
Verfluchter Baur / du solt von meiner Faust erblassen.

Sie zücken beyde ihr Gewehr. Atis rufft / worauff Halimacus mit vielem Gefolge eintritt.

ATIS.
Holla!
ORSANES.
Ihr Himmel / ach!
HALIMACUS.
Wer rufft an diesem Ort?

Atis winckt / daß Orsanes geruffen.

HALIMACUS.
Orsanes?

Atis winckt ja / und daß er es ihm befohlen.

Ich verstehe;
Was ist sein Will?
ORSANES.
(Ihr Götter / ich vergehe /
Die Angst schliest meinen Mund.)

Atis zeiget an Halimacus, daß er ins Persische Lager hinaus gehen / und von ihnen allen vergesellschafftet seyn wolle.

HALIMACUS.
Printz *Atis* thut mir kund /
Daß er sich in des Feindes Lager wil erheben /
Und wir ihm sollen das Geleite geben.

Atis grüsset Orsanes mit freundlichen Gebärden / der darüber bestürtzt / sich gar demüthig neiget.

ORSANES.

Mein Herr / ich neige mich in Unterthänigkeit.
Der lose Baur.
HALIMACUS.
O Schelm / dein Fall ist nicht mehr weit.

Treten ab.

ORSANES.
Mich Unglückseligen! ich seh' es / und muß schweigen /
Wie dieser Baur wil unsern Thron ersteigen.

Aria.

Gerechtes Gerichte
Der mächtigsten Götter
Du machest zu nichte
Die Majestäts-Spötter /
Du führest die Wache /
Und übest die Rache /
Daß / welche sich wider die Obrigkeit sperren /
Durch eignes Verschulden /
Zuletzte noch Bauren / zu Obern und Herren /
Selbst müssen erdulden.

Zwölffter Aufftritt.

Ein von Cirus Leib-Wache umschlossener Platz / in dessen Mitte ein grosses Feuer / Crœsus zu verbrennen / angezündet wird. Crœsus entkleidet / wird zum Feuer geführet / von Persischen Soldaten begleitet / unter grossen Zulauff vielen Volckes.
Aria.

CRŒSUS.
Götter übt Barmhertzigkeit!
Kan ich diesen Tod nicht meiden /
Muß ich diese Straffe leiden /
Ach! so lindert nur mein Leid /
Und beraubet mich der Sinnen /

Eh die Schmertzen noch beginnen.

Dreyzehender Aufftritt.

Cirus, der sich auff einem dazu auffgerichteten Thron setzet / sein Staats- und Kriegs-Bediente /Soldaten / und grosse Menge Volckes; Crœsus, nachmahls Eliates, Olisius, Halimacus, Atis, Elmira, Clerida, Trigesta, Orsanes, Solon, und Lidische Soldaten.

CIRUS.
    Fort führt ihn auff den Scheiter-Hauffen.
    Nun *Crœsus,* gute Nacht!
CRŒSUS.
    Tyrann / mißbrauch nur deiner Macht /
    Du wirst des Himmels-Rache nicht entlauffen.
CIRUS.
    Du leidest nur verdienten Lohn /
    Es sind die Götter selbst / die dich dazu verdammen.
CRŒSUS.
    Du Unmensch / auch mein Tod sol in den heissen Flammen
    Noch herrlich leuchten dir zum Hohn.

Es steigen schwartze Wolcken auf / die plötzlich mit Blitz und Donner in einen starcken Platz-Regen ausbrechen / nacher das Feuer verlöschet.

CIRUS.
    Was für ein Ungestüm wil meinen Thron bewegen?
    Ihr Götter / welch ein Knall- und Wetter-voller Regen!
HAUPTMANN.
    Die Sonne scheuet sich zu dieser That zu scheinen;
    Der Himmel selbst wil *Crœsus* Tod beweinen.
CIRUS.
    Umsonst / macht neues Feuer.
    Der knüsternden Flammen erneuertes Krachen
    Sol freudig das Weinen des Himmels verlachen.

Das Feuer wird wieder angezündet; Olisius, Halimacus, Atis, Elmira, Clerida, Trigesta und Orsanes gelangen an durch unterschiedliche Wege.

ELIATES.
> Was hör' ich?

HALIMACUS.
> Ach was kömmt mir zu Gesicht!

ELIATES, HALIMACUS, OLISIUS.
> Sol *Crœsus* in dem Feuer sterben?

HALIMACUS, ELMIRA.
> Ach Himmel!

OLISIUS, CLERIDA.
> Ach Geschick!

ATIS, ELMIRA.
> Ihr Götter!

ALLE.
> Wir verderben.

OLISIUS.
> Hält *Cirus* so sein Wort?

CIRUS.
> Thu ich es nicht?
> Ich laß' euch allen euren König sehen.

OLISIUS.
> Betrug pflegt Königen gar übel anzustehen.

ELIATES.
> Wir wollen / läst er *Crœsus* leben /
> Die Stadt / das Reich / und alle Schätz ihm geben.

CIRUS.
> Der Schatz / die Stadt / das Reich / ist morgen mein Begehren /
> Und heute solt ihr sehn / was euch ist zugesagt.

HALIMACUS.
> Tyrann / so wollen wir uns noch auffs beste wehren.
> Führt alle Schaaren an; das äusserste gewagt /
> Last uns für *Crœsus* noch zuletzt wie Löwen kämpffen /
> Und diese Gluth mit unserm Blute dämpffen.

Tritt nebenst Eliates ab / das Heer anzuführen.

OLISIUS.
> Kan dich mein Tod versühnen /
> Wil ich dir gerne damit dienen.

ELMIRA, CLERIDA.
> Wir wollen unsern Leib für *Cræsus* willig geben.

OLISIUS, ELMIRA, CLERIDA.
> Wirff uns zusammen
> In diese Flammen /
> Und lasse *Cræsus* leben.

CIRUS.
> Ein Opffer fordert nur mein Rachbegierger Muth /
> Und tauget nichts dazu als Königliches Blut.
> Macht fort!

Cræsus wird auf dem Scheiter-Hauffen gebunden.

ATIS.
> So lebe *Cræsus* dann /
> Wo Königliches Blut ihn retten kan.
> Ich bin sein Sohn / nimm mich an seine statt.

OLISIUS.
> Wie! *Atis* spricht?

ELMIRA.
> Es ist *Ermin*.

OLISIUS, CLERIDA.
> O Rühmens-werthe That!

ORSANES.
> Es ist ein frembder Baur / er leugt;
> Weil er nur an Gestalt Printz *Atis* gleicht /
> Meynt er / ein jeder seh' ihn vor den Printzen an /
> Da *Atis* doch nich reden kan.

CIRUS.
> Ich weiß / daß *Atis* stumm; du kanst der Printz nicht seyn.

ATIS *zu Orsanes.*
> Verräther / möcht' ich dir das Leben rauben.

CIRUS.
> Führt den Unsinnigen hinein.

ATIS.
> Ich bin der Printz / wo du es nicht wilt glauben /
> Soltu es jetzt an meiner Lieb erkennen /
> Wann ich mit meinem Vater werde brennen.

Atis wil sich ins Feuer stürtzen.

CIRUS.
> Man halt' ihn fest.

ATIS.
> Ach lasset mich.
> Mein Vater!

CRŒSUS.
> Liebstes Kind / wie / kanstu sprechen?

ATIS.
> Ja / Vater / Ja; Gott selbst erbarmet sich /
> Er hat geheilt des Munds Gebrechen /
> Und wil jetzund die Stimme mir verleihen /
> Um Hülff in dieser Noth mit dir zu schreyen.

CRŒSUS.
> Ach welcher Trost! nun wil ich gerne sterben.

ATIS.
> Ich mit; Tyrann laß mich die Gnad erwerben /
> Mit meinem Vater in den Tod zu gehn.

CRŒSUS.
> Nein / lebe trautster Sohn.

Atis wil sich mit Gewalt loß reissen.

ATIS.
> Ihr Hunde! wolt ihr mein Begehren
> Zu sterben mir mit Macht verwehren?

ORSANES.
> Mein Hertze zweifelt schon.

ELMIRA.
> Es scheinet Ernst; Er ist zu keck.

OLISIUS, CLERIDA.
> Ich solche Treu bey Bauren je gesehn?

CIRUS.
> Führt diesen tollen Menschen weg.

Die Soldaten entfernen Atis.

ATIS.
>Blutdürftiger Barbar / verfluchtes Ungeheuer /
>Warum sol nicht der Sohn in diesem Feuer
>Das Leben mit dem Vater lassen?

CRŒSUS.
>Leb / liebster *Atis,* leb / Gott wird dich noch erheben.

ATIS.
>Nein / Vater / nein / ich wil nach dir nicht leben.

Atis wird weggerissen; Solon kommt.

ORSANES.
>(Ich kan den Handel nicht mehr fassen)

Das Feuer ist völlig wieder angebrandt.
Aria.

CRŒSUS.
>*Solon,* weiser *Solon,* ach!
>Jetzt denck' ich den Worten nach /
>Die ich jüngst von dir vernommen;
>Daß des Reichthums stoltze Pracht
>Keinen Menschen glücklich macht
>Eh sein Ende ist gekommen.
>*Solon,* weiser *Solon,* ach!
>Jetzt denck' ich den Worten nach.

CIRUS.
>Welch eine Gottheit rufft er an?

SOLON.
>Es ist kein Gott; Ich bin der Mann;
>Es fällt jetzund bey / was ich ihm eins gesaget /
>Da er mich / ob er nicht glückselig sey / befraget.

CIRUS.
>Was war das?

SOLON.
>Daß das Rad des Glückes stetig drehet /
>Daß das Verhängnüs Cron und Thron verschmähet /
>Und daß wir Sterblichen unmöglich können

Und vor dem Tode glücklich nennen.
Es schertzt mit unserm Stoltz der grosse *Jupiter*,
Wer heut' im Throne sitzt / und heisst Großmächtigster /
Kan / eh noch morgen kömmt / mit Schand und Spott zur Erden /
Und in die äusserste Gefahr gestürtzet werden.

Cirus sitzet eine Weile in tieffen Gedancken.

CIRUS.
Mein Hertze wird gerührt. Fort / machet *Crœsus* loß;

Crœsus wird von dem Scheiterhauffen loß gemacht.

Sitz' ich gleich jetzt dem Glück' im Schooß' /
In grosser Macht / und höchsten Ehren /
Muß *Solons* Rede mich / und *Crœsus* Beyspiel lehren /
Daß auch ich / wie er / fallen kan.
Legt ihm den Purpur wieder an.

Crœsus wird in ein Gezelt geführet.

OLISIUS.
O Edler Muth!
ELMIRA.
O Helden That!
OLISIUS, ELMIRA, CLERIDA.
Womit für einen
Er tausend angefesselt hat.
CHOR.

Von innen.

Frisch auff! auff / ihr Getreuen /
Setzt an / den König zu befreyen

*Eliates, Halimacus, und viele Lidier / brechen / den Degen in der Faust / durch Cirus
Leibwache ihren König vom Feuer zu erretten.*

CIRUS.
> Was will das Volck / was sol der Lärm bedeuten
HALIMACUS, ELMIRA.
> Wo ist der König / wo ist *Crœsus* hingekommen?
OLISIUS, ELMIRA, CLERIDA.
> Ach haltet ein / er ist dem Tode schon entnommen!
HALIMACUS, ELMIRA.
> Wo ist er dann? man sag es uns bey zeiten.
HAUPTMANN.
> Gedult / man warte nur ein wenig.
> Da seht ihr euern König.

Crœsus kömmt in Königlicher Kleidung.

ELMIRA.
> Ach unverhoffte Freud'.
HALIMACUS.
> O Hertzens-Lust!

Cirus stehet auf / und umarmet Crœsus.

CIRUS.
> Mein Freund / ich drücke dich an meine Brust.
> Den unbedachten Zorn mustu nicht übel deuten;
> Mich hat dein Fall / und *Solons* Rath gerühret /
> Weil der Gott / der dich strafft / auch über mich regiert.
CRŒSUS.
> Großmächtiger Monarch / ich üb' Erkäntlichkeit /
> So lang der Himmel mir den Lebens-Geist verleiht.
CIRUS.
> Komm / *Crœsus,* setz dich mir zur Seiten.

Crœsus setzet sich bey Cirus auff den Thron.

CIRUS.
> So leben wir hinfort in Fried' und Freundschafft wieder.
CHOR DER LIDIEN.
> Gantz Lidien legt sich zu *Cirus* Füssen nieder.

Alle Lidier neigen sich zur Erden. Atis kniet vor dem Thron.

ATIS.
> Schau / *Cirus,* schau auff mich / für meines Vaters Leben /
> Das du ihm hast geschenckt / wil ich dir meines geben.

CIRUS.
> Ist diß dein Sohn?

CRŒSUS.
> Ja Herr.

ORSANES.
> Ihr beyde seyd betrogen /
> Es ist ein Bauren-Kind / in Phrygien erzogen;
> Der Printz ist stumm.

HALIMACUS.
> Du irrest dich / *Orsan.*
> Es ist der Printz: Ich sah' es selber an /
> Wie ihm die Furcht / und seiner Liebe Trieb /
> Da jenes Persers Schwerdt dem König einen Hieb /
> Wovon er wohl besorglich sterben müssen /
> Zu geben war gezückt / der Zungen Band zerrissen;
> Halt / rieff er / töd ihn nicht; wodurch der Hieb gestöret.

CRŒSUS, HAUPTMANN.
> Ich hab' es selbst gehöret.

ELMIRA.
> Ach welche Freud.

OLISIUS, ELMIRA, CLERIDA.
> O Glück!

ORSANES.
> Orsan du gehst zu Grunde!

ATIS.
> Orsan, in dieser Stunde
> Wünschstu vielleicht / ich könte noch nicht sprechen?

ORSANES.
> Ich bitte Gnade.

ATIS.
> Dein Verbrechen
> Weiß ich / und nur *Halimacus* allein.
> Ich schweig' / und er sol auch verschwiegen seyn /

Sey ohne Furcht / und diene treu nach diesem.

Orsan fällt auf die Knie.

ORSANES.
Die Gnade / so du mir erwiesen /
Sol mich / mein Printz / so fest verbinden /
Daß du an Treue nicht wirst meines gleichen finden.
ELMIRA.
Mein *Atis,* warum doch nahm er das Bauren-Kleid?
ATIS.
Mein Kind / es war zu meiner Sicherheit.

Gibt ihr die Hand.

Herr Vater / unsre beyde Hertzen
Sind längst entbrandt durch treue Liebes-Kertzen;
Verstattet er / daß wir / in Lieb' und Treu zu leben /
Uns jetzt die Hände geben?
CRŒSUS.
Gar gerne / trautster Sohn.
ATIS.
Was sagt Elmira.
ELMIRA.
Ja!
ATIS.
Und sie / holdselige *Clerida.*
Wil sie an *Eliat* nicht auch ingleichen
Die Hand zu fester Treue reichen?
CLERIDA.
Ich wil nicht länger widerstreben.

Gibt Eliaten die Hand.

CIRUS.
Der Himmel lasse euch in stetem Glücke leben!
Ich lasse / *Crœsus,* dir dein Reich mit allen Schätzen.
CRŒSUS UND CHOR DER LIDIER.

Wir wollen diese Gunst mit steter Treu' ersetzen.

Die Könige steigen vom Thron. Elmira und Aria. Clerida und Eliates umarmen sich.
Aria.

ELMIRA.
  Glückliche Stunden / erfreulicher Tag /
ATIS.
  Da ich mich mit dir vereinigen mag!
ELIATES.
  Trauriges Weinen und Schmertzen
CLERIDA.
  Kehrt sich in Lachen und Schertzen.
HALIMACUS, ORSANES, OLISIUS.
  Lidien spühret in Leiden
  Und Freuden /
  Was das Verhängnüs des Himmels vermag!
  Glückliche Stunden / erfreulicher Tag.

Tantz von Damen und Cavalliere.

ALLE.
  Glückliche Stunden / erfreulicher Tag.
                    Ende.